# He
## is
# Bill
# Gates

# He is Bill Gates

저 자  임동찬, 김혜광
발행인 고본화
발 행  반석출판사
2012년 10월 20일 초판 1쇄 인쇄
2012년 10월 25일 초판 1쇄 발행
반석출판사 | www.bansok.co.kr
이메일 | bansok@bansok.co.kr
트위터 | @bansok_books

157-779 서울시 강서구 염창동 240-21 우림블루나인 비즈니스센터 B동 904호
대표전화  02) 2093-3399  팩 스  02) 2093-3393
출 판 부  02) 2093-3395  영업부 02) 2093-3396
등록번호  제315-2008-000033호



ISBN 978-89-7172-663-1 (13740)

# He is Bill Gates

is

**Best Speeches**

**Bansok**

# Preface

오늘 돈이 없다고 남에게 베풀지 못하면,
내일 돈이 생겨도 남에게 베풀지 못한다


　　　최근 들어 인간의 실생활에 가장 큰 변화를 가져온 획기적인 사건 가운데 하나는 일반 가정까지 널리 보급된 컴퓨터의 상용화일 것이다. 1970년대 후반까지만 하더라도 컴퓨터는 초대형의 최첨단기기였기 때문에 전용시설을 갖춘 곳에서 군사적, 상업적인 목적으로 사용되었다. (아마 누군가가 머지않아 우리 모두 가정용 비행기를 보유하게 될 것이라고 말한다면 다들 실현 불가능한 일이라고 고개를 절레절레 흔들 것이다. 예전에는 컴퓨터의 존재가 그랬다.) 이러한 기기를 일반 가정으로 보급시키는 데 중추적인 역할을 했던 사람이 바로 빌 게이츠다.

　　　빌 게이츠는 인류의 삶과 동떨어진 혁신보다는 개인의 삶의 방식에 변화를 줄 수 있는 획기적인 전기를 마련했다. 뿐만 아니라, 은퇴 후에도 자신의 재산을 사회에 기부함으로써 자본주의 사회에서 부의 환원이라는 신선한 패러다임을 제시했다. 우리는 그를 두 가지 측면에서 바라볼 필요가 있다 – 하나는 컴퓨터 보급을 통한 일반인들의 삶의 혁신, 또 다른 하나는 부의 환원을 통한 자본주의 사회의 혁신이다. 이러한 관점에 입각해서 빌 게이츠의 삶을 바라본다면 본 책에 실린 스피치를 이해하는 데 많은 도움이 될 것이다.

He<br>is<br>**Bill**<br>**Gates**

　　이 책을 통한 영어학습의 목표는 우선 영어 청취력을 향상시키고 문장을 이해하는 것이다. 그리고 그 문장들에 숨어 있는 멋진 표현들을 반복・학습하면서 익혀야 한다. 더불어 필자의 노하우가 녹아 있는 각종 팁들과 분석을 참고하면 독해, 영작을 할 때 유용하게 활용할 수 있다. 스피치의 단어 하나, 문장 하나에 담겨 있는 빌 게이츠의 철학을 접하는 것도 또 다른 묘미이다. 빌 게이츠의 연설은 언어를 포장하기보다는 자신의 의지를 피력하는 데 중점을 두고 있기 때문이다.

　　오늘 돈이 없다고 남에게 베풀지 못하면, 내일 돈이 생겨도 남에게 베풀지 못한다는 빌 게이츠의 나눔의 미학에 대해 다시 한 번 생각하면서, 이 책이 단순하게 영어학습을 위한 도구가 아니라 향후 독자들의 행로에 새로운 지표가 되기를 진심으로 바란다.

2012년 9월<br>임동찬, 김혜광

# Contents

He
is
**Bill
Gates**

# 이 책의 특징

이 책은 세계적인 부호이자 자선사업가인 빌 게이츠의 스피치 중에서 10개를 선택하여 원문과 번역문을 함께 실은 책입니다. 각 스피치는 시간 관계상 전체가 아닌 약 10분 정도의 분량으로 요약·정리되어 있습니다. 또한 이에 해당하는 mp3파일이 제공되어 눈과 귀를 통해 그의 스피치를 감상할 수 있습니다.

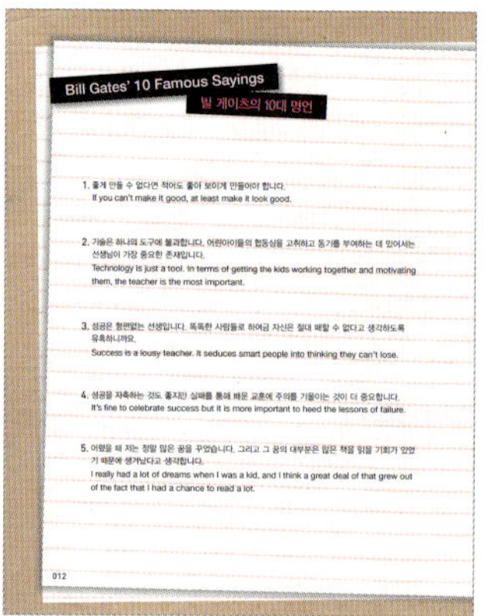



## PART 01

## BILL GATES' TOP 10 THINGS

빌 게이츠가 왜 성공했는지 엿볼 수 있는 게이츠의 10대 명언, 게이츠의 손을 거쳐 탄생한 수많은 제품 중에서 가장 크게 세상을 변화시킨 10대 제품, 그리고 자본가의 의무를 강조하여 많은 사람들을 감동시켰던 2007년 하버드 대학교 졸업식 연설문이 실려 있습니다.

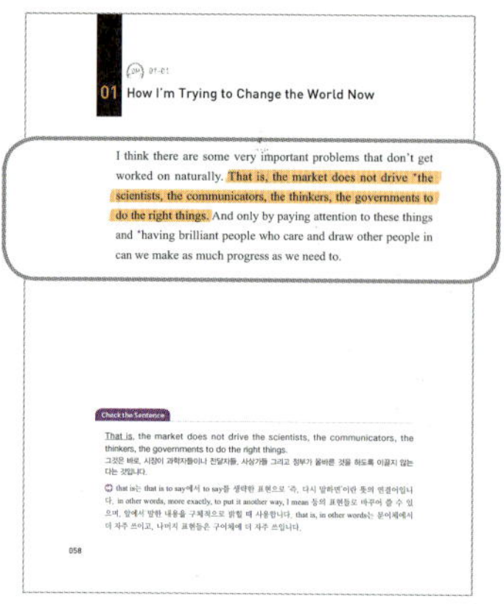

## PART 02

## BILL GATES' TOP 10 SPEECHES

빌 게이츠의 스피치 가운데 인지도가 높은 10개를 수록했습니다. 왼쪽 페이지에는 스피치 원문이, 오른쪽 페이지에는 번역문이 실려 있어 한눈에 비교하여 읽어 내려갈 수 있습니다. 또한 mp3가 함께 제공되어 원문을 보면서 빌 게이츠의 스피치를 들을 수 있습니다.

# Check the Sentence

영어 원문 중에서 중요 문장을 뽑아 따로 정리했습니다. 이 문장들이 주로 어떤 때에 사용되는지, 비슷한 구문은 무엇이 있는지 등을 자세하게 설명하고 있습니다. 이 구문들을 외워서 실제 스피치나 일상 생활에서 활용해 보세요.

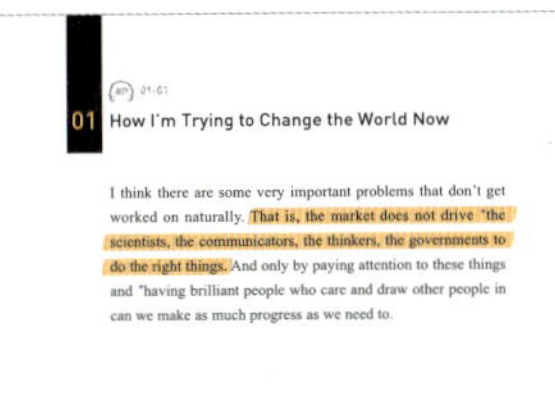



# Speak It Out

연음, 탈락 등으로 발음 표기와 다르게 소리 나는 구문들의 실제 소리는 어떻게 들릴까요? mp3를 통해 해당 구문을 들으면서 발음을 따라 해 보세요. 이런 연습은 실제로 영어를 발음하는 데 있어 많은 도움이 됩니다.

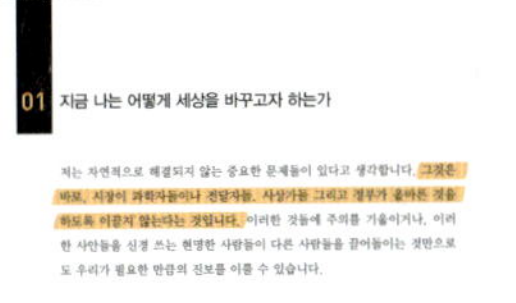



# BILL GATES' LIFE

세계 최고의 갑부의 대명사인 빌 게이츠는 어떠한 삶의 과정을 거쳐 그렇게 성공할 수 있었을까요? 성공한 자본가로서의 제1의 인생과 자선사업가로서의 제2의 인생 모두를 살펴보고 그의 삶이 우리에게 전하는 메시지를 파악해 봅시다.

# PART 01

## BILL GATES'
## TOP 10 THINGS

**1.** 좋게 만들 수 없다면 적어도 좋아 보이게 만들어야 합니다.
If you can't make it good, at least make it look good.

**2.** 기술은 하나의 도구에 불과합니다. 어린아이들의 협동심을 고취하고 동기를 부여하는 데 있어서는 선생님이 가장 중요한 존재입니다.
Technology is just a tool. In terms of getting the kids working together and motivating them, the teacher is the most important.

**3.** 성공은 형편없는 선생입니다. 똑똑한 사람들로 하여금 자신은 절대 패할 수 없다고 생각하도록 유혹하니까요.
Success is a lousy teacher. It seduces smart people into thinking they can't lose.

**4.** 성공을 자축하는 것도 좋지만 실패를 통해 배운 교훈에 주의를 기울이는 것이 더 중요합니다.
It's fine to celebrate success but it is more important to heed the lessons of failure.

**5.** 어렸을 때 저는 정말 많은 꿈을 꾸었습니다. 그리고 그 꿈의 대부분은 많은 책을 읽을 기회가 있었기 때문에 생겨났다고 생각합니다.
I really had a lot of dreams when I was a kid, and I think a great deal of that grew out of the fact that I had a chance to read a lot.

**6.** 제가 결승선에 대해 어떤 정해진 생각을 했다면, 그 결승선을 이미 몇 년 전에 넘었을 거라고 생각하지 않으십니까?

If I'd had some set idea of a finish line, don't you think I would have crossed it years ago?


**7.** 정보 통신 기술과 사업은 떼려야 뗄 수 없는 관계가 되고 있습니다. 한 가지에 대해 이야기하지 않으면서 다른 한 가지에 대해 의미 있게 이야기할 수 있는 사람은 없으리라 생각합니다.

Information technology and business are becoming inextricably interwoven. I don't think anybody can talk meaningfully about one without the talking about the other.


**8.** 다른 사람들에게 도구를 주십시오. 그 사람들은 당신의 기대를 넘어서 깜짝 놀랄 만한 방법으로 그 일을 해낼 것입니다.

If you give people tools, they will develop things in ways that will surprise you very much beyond what you might have expected.


**9.** 저는 언제나 어려운 일을 게으른 사람에게 맡길 것입니다. 그 사람은 분명히 더 쉬운 방법을 찾아낼 것이기 때문입니다.

I will always choose a lazy person to do a difficult job. Because, he will find an easy way to do it.


**10.** 우리는 언제나 2년 뒤에 닥칠 변화는 과대평가하고 10년 후에 닥칠 변화는 과소평가합니다. 자기 자신을 대책 없이 가만히 있게 만들지 마세요.

We always overestimate the change that will occur in the next two years and underestimate the change that will occur in the next ten. Don't let yourself be lulled into inaction.

## MS-DOS

**1**

마이크로소프트 도스(Microsoft Disk Operating System)는 도스의 일종으로, 마이크로소프트가 IBM사의 의뢰를 받아 시애틀 컴퓨터시스템사로부터 사들여 개발한 IBM PC용 운영 체제(CP/M-86 호환의 DOS)로, 사상 최초로 대중화된 운영체제이다. MS-DOS가 출시된 과정을 살펴보면, 당시 마이크로소프트는 베이직 인터프리터, 어셈블러, 여타 언어의 컴파일러 등을 개발했으며, 대부분의 제품이 디지털 리서치사의 CP/M 위에서 동작하였다. 1980년 7월 즈음 IBM은 뒤에 IBM PC로 불리게 되는 개인용 컴퓨터 개발에 착수하면서 개발을 빠르게 진행하기 위해 IBM PC에서 돌아가는 모든 소프트웨어를 외부에서 조달하도록 결정했다. 처음에 IBM과 마이크로소프트는 베이직 등의 프로그래밍 언어 관련 제품들에 대해서만 교섭했다. 이후 운영체제에 대해서도 8086용 CP/M 개발을 의뢰했지만 마이크로소프트는 CP/M의 사용권이 없었기 때문에, 빌 게이츠는 디지털 리서치와의 교섭을 조언했다. 그러나 디지털 리서치와의 교섭은 불발로 끝나고, 마이크로소프트는 자신들만의 운영체제를 개발하려다가, CP/M이 8086에 이식되지 않게 하려는 목적을 갖고 독자적으로 86DOS를 개발하던 시애틀 컴퓨터시스템사를 개발 자체로 사들여 IBM PC용으로 수정하여 PC-DOS를 만들어 냈다. 처음엔 IBM PC에서 동작하는 운영체제였기 때문에 그런 이름으로 불렸지만, 마이크로소프트는 OEM으로 제공할 때에는 자사 상표인 MS-DOS란 이름을 사용했다. 1981년 처음 PC에 올려져서 제공된 이 제품은 1995년 개발이 중단될 때까지 몇 차례의 판올림이 있었다. MS-DOS라는 독립 제품으로서의 최종 버전은 6.22이며 윈도 95가 출시된 이후부터는 윈도 제품의 일부로 제공되었고 윈도 미에 기본 내장되어 있는 8.0까지 나왔다. 이후로는 더 이상 개발되지 않는다. 마이크로소프트는 이 제품의 인기에 힘입어 조그마한 프로그래밍 언어 회사에서 다양한 소프트웨어를 제공하는 회사로 자리 잡게 된다. 소프트웨어를 만들어 개수만큼 팔아 버리는 방법이 아닌, IBM PC 출하 대수에 따라 사용료를 받는 라이선스 계약이 마이크로소프트의 성공 비결이었다고 한다.

## 마이크로소프트 오피스

마이크로소프트 오피스(Microsoft Office)는 마이크로소프트에서 개발한 윈도, 맥용 사무용 소프트웨어의 묶음으로, 워드, 엑셀, 파워포인트, 아웃룩, 엑세스, 원노트, 퍼블리셔 등의 제품이 들어 있다. 처음부터 이 제품들이 묶어서 판매된 것은 아니었다. 처음으로 마이크로소프트 오피스가 묶음으로 판매된 것은 1989년(맥용), 1990년(PC용)이었다. 첫 오피스는 워드, 액셀, 파워포인트로 구성되었으며, 각각의 제품들도 사람들에게 좋은 평가를 받았지만 오피스로 묶여서 판매되기 시작했을 때 컴퓨터를 사용하여 일을 하는 사무직이나 직원을 관리하는 관리직 등의 직종에서 폭발적인 반응을 보였다. 이후 다른 소프트웨어가 추가되어 현재에 이르고 있다. 오피스의 구성 소프트웨어를 살펴보면 다음과 같다. 워드는 문서 작성 프로그램이다. 엑셀은 스프레드시트 프로그램으로, 데이터를 추적, 분석하고 보다 풍부한 정보를 바탕으로 비즈니스 결정을 내리기 위해 통합 문서(스프레드시트 모음)를 만들고 해당 서식을 지정할 수 있다. 파워포인트는 프레젠테이션을 할 때 앞에서 보여 주는 슬라이드를 작성할 수 있는 프로그램이다. 아웃룩은 전자우편 클라이언트 기능을 기본적으로 지원하며, 달력, 일정 및 연락처 관리, 메모, 업무 일지 기능이 포함되어 있다. 엑세스는 데이터베이스 관리 기능을 지원한다. 원노트는 텍스트, 그림, 소리, 영상 등이 포함된 문서를 쉽게 작성하고 공유할 수 있는 프로그램이다. 퍼블리셔는 달력, 명함 등의 출판물이나 웹 등의 전자출판물의 서식을 제공해 좀 더 쉽게 출판물을 작성하게 해 주는 프로그램이다. 마이크로소프트 오피스는 현재 2010 버전까지 출시되었다.

## 비주얼 베이직

평범한 컴퓨터 사용자에게 익숙한 단어는 아니지만 비주얼 베이직(Visual Basic)의 영향을 과소평가할 수는 없다. 비주얼 베이직은 마이크로소프트에서 만든 베이직 프로그래밍 언어이다. 마이크로소프트는 빌 게이츠와 폴 앨런이 1975년 MITS 앨테어 8800 마이크로 컴퓨터에 사용할 수 있는 앨테어 베이직 인터프리터를 개발하면서 그 사업이 시작되었다. 마이크로소프트의 창립 제품이 베이직 언어였다는 점, MS-DOS가 성공하기 전까지 마이크로소프트는 프로그래밍 언어 회사였다는 점에서 비주얼 베이직이 마이크로소프트에서 차지하는 의미는 매우 크다고 할 수 있다. 비주얼 베이직은 GUI 응용 프로그램의 RAD 개발을 가능하게 해 주며, 데이터베이스에 대한 접근을 데이터 액세스 오브젝트, 원격 데이터 오브젝트, 또는 Active X 데이터 오브젝트들, 그리고 Active X 컨트롤과 개체의 생성을 통해 가능하게 한다. 비주얼 베이직은 시각적인 개발 환경과 언어의 간결함 때문에 초보자의 접근이 쉽다는 장점을 가지고 있다. 이러한 장점은 프로그램 개발자들이 좀 더 쉽게 프로그램을 개발할 수 있도록 해 주었고, 90년대에 윈도가 전성기를 맞이할 때 사용자들에게 윈도 기반의 프로그램들을 넘쳐나게 제공할 수 있게 하여 마이크로소프트가 성장하는 데 큰 기여를 하였다. 비주얼 베이직의 마지막 버전은 1998년에 출시된 비주얼 베이직 6.0이다.

## 윈도 95

명령어로 실행하던 도스에 이어서 그래픽 사용자 인터페이스(GUI)를 갖춘 윈도 3.0과 윈도 3.1이 그야말로 대성공을 거두면서 운영체제의 중심은 그래픽으로 옮겨졌고, 마이크로소프트 역시 크게 성장하였다. 그리고 1995년에 발표한 윈도 95는 도스의 시대를 완전히 끝내고 윈도의 시대를 여는 제품이 되었다. 기존의 윈도는 도스에서 구동되는 프로그램에 가까웠다면 윈도 95는 독립되어 사용하는 첫 운영체제라고 할 수 있었다. 또한 윈도 3.1과 비교했을 때 크게 향상된 GUI는 윈도 XP에 이르기까지 그 기본 형식과 골격이 유지되었다. 그 외 긴 파일 이름, 32비트 응용 프로그램의 선점형 다중 작업을 지원하였고, 주변 기기를 연결하면 자동적으로 인식하는 플러그 앤 플레이 기능을 적용하였다. 3년 후에는 후속작인 윈도 98이 출시되었다. 윈도 98은 인터넷 익스플로러, 아웃룩 익스프레스 등 다수의 인터넷 연결 프로그램이 기본으로 내장되어 있으며, USB를 지원하는 등의 변화가 있었다. 윈도 98까지 크게 성공하면서 마이크로소프트는 명실상부한 세계 최고의 기업으로 우뚝 설 수 있었다.

## 익스체인지 서버

**5**

마이크로소프트 익스체인지 서버(Microsoft Exchange Server)는 마이크로소프트사가 개발한 메시징, 협업 소프트웨어 제품이다. 마이크로소프트 서버류의 서버 제품의 일부이며 마이크로소프트 인프라 솔루션을 사용하는 기업에서 널리 사용한다. 익스체인지의 주된 기능은 전자 메일, 일정, 연락처이며 자료 저장을 지원할 뿐 아니라 정보에 휴대, 웹 기반으로 접근할 수 있게 도와준다. 메시지나 메일을 송수신하고, 전자 회의, 공동 문서 관리 등을 가능하게 하는 제품이다. 메시징 비용을 절감하고 통신 기능에 접근하는 것을 용이하게 함으로써 기업의 생산성 향상에 크게 기여하였다. 현재는 익스체인지 서버 2010이 최신 버전이다.

## 인터넷 익스플로러

인터넷 익스플로러(Internet Explorer, IE)는 마이크로소프트에서 개발한 웹 브라우저이다. 1995년에 마이크로소프트 윈도 운영 체제에 이 소프트웨어를 기본으로 포함하기 시작하며 사용자가 급격히 증가했다. 1999년 이후로는 세계에서 가장 널리 쓰이는 웹 브라우저가 되었고, 2002년과 2003년에 인터넷 익스플로러 5, 6 버전의 사용률이 정점에 이르러 95%에 달했다. 그러나 마이크로소프트가 마이크로소프트의 제품 이외의 플랫폼에서의 인터넷 익스플로러 지원을 중단하고, 모질라 파이어폭스 등 대체 브라우저가 개발되면서 인터넷 익스플로러 7의 출시에도 불구하고 하락세가 계속되고 있다. 하지만 대한민국에서는 인터넷 익스플로러의 의존도가 상대적으로 높다. 이는 온라인 뱅킹 호환성 문제와 더불어 한국의 대다수 웹사이트 개발자들이 여러 웹 브라우저와 운영 체제들의 호환성을 고려하지 않고 현재 마이크로소프트사도 사용을 권장하고 있지 않는 Active X를 무리하게 채용하고 있기 때문이다. 또 일부 웹사이트에서는 인터넷 익스플로러 웹 브라우저를 사용하지 않으면 접근할 수 없게 만든 것도 그 까닭의 일부라고 할 수 있다. 어찌 되었든 현재는 한국을 포함하여 전 세계적으로 익스플로러의 점유율이 많이 낮아졌지만, 이것이 여태까지 가장 많은 사람들이 사용한 인터넷 브라우저이자 편하게 인터넷을 사용할 수 있도록 도와준 도구임은 틀림이 없다.

**6**

## 윈도 XP

윈도 XP(Windows XP)는 가정용/업무용 컴퓨터, 노트북 컴퓨터, 미디어 센터와 같은 일반 목적의 컴퓨터 시스템에서 사용할 수 있게 마이크로소프트가 개발한 운영 체제 가운데 하나이다. XP는 EXPerience 중 "XP"를 따서 만들었다. 개발 당시에는 휘슬러(whistler)라는 코드네임으로 불렸다. 윈도는 윈도 3.x – 윈도 9x – 윈도 미로 이어지는 개인용과 윈도 NT – 윈도 2000으로 이어지는 기업용으로 나누어 개발되어 왔다. 윈도 XP는 이 두 계열이 통합되어 발매된 첫 번째 제품이며, NT 커널 기반으로 개발되어 속도와 안정성이 크게 향상되었다는 평가를 받았다. 2001년 10월 25일, "홈 에디션"과 "프로페셔널 에디션"으로 나뉘어 첫 출시되었다. 2000년에 발매된 윈도 미가 실패하면서 여러 가지 우려가 있었으나, 윈도 XP는 전 세계 출시 두 달 만에 2,000만 개에 가까운 판매량을 기록하면서 대성공을 거두었다. 윈도 XP는 출시된 지 10년이 넘게 지난 현재까지도 윈도 사용자 중 절반에 가까운 수가 여전히 사용하고 있을 만큼 오랜 기간 자리를 지켜 온 제품이다. 원래 윈도 비스타가 뒤이어 출시됨에 따라 2009년 4월 14일 지원이 종료될 예정이었으나 비스타가 실패하면서 XP의 수요가 여전하여 서비스팩 2는 2010년 7월 13일에 윈도 2000과 동시에 지원이 중단되었으며 서비스팩 3는 2014년 4월 8일에 지원을 중단할 예정이다.

## XBOX

엑스박스(Xbox)는 마이크로소프트가 개발한 가정용 게임기이다. 미국에서는 2001년 11월 15일, 대한민국에서는 2002년 12월 23일에 발매되었다. 인텔의 펜티엄 3 733Mhz CPU와 8-10GB의 하드 디스크 드라이브, 8MB의 메모리 카드, DVD-ROM 드라이브, 네트워크 단자를 탑재하여 PC와 비슷한 구조를 가지고 있으며, 컨트롤러는 USB 규격이 사용되고 있다. 운영체제로 마이크로소프트 윈도 2000의 커널을 경량화하여 탑재하였고 API로는 Direct X를 채용하였다. 당초 마이크로소프트는 세가의 드림캐스트에게 기술 협력을 하고 있었지만, 드림캐스트가 실패한 뒤 마이크로소프트가 게임 업계에 참가한다는 소문이 떠돌기 시작했다. 그리고 2000년 3월 소니의 플레이스테이션 2 발매 후 불과 며칠 뒤에 마이크로소프트가 게임 업계 참가를 발표하며 소니에 도전장을 냈다. 개발 단계의 코드명 X-Box를 실제 모델명으로 사용하게 되었으며, 제품 사양이나 발매 전의 기술 데모 등은 철저히 플레이스테이션 2를 의식한 것이었다. 결국 플레이스테이션2에 대항하는 첫 x86플랫폼 게임기이라 할 수 있다. 또한 미국에서는 2002년 11월에, 대한민국에서는 2003년 10월 30일에 본체만으로 온라인에 접속하여 게임할 수 있는 엑스박스 라이브(Xbox Live) 서비스를 개시하였다. 2005년에는 후속작인 엑스박스 360이 발매되었다. 엑스박스 라이브를 통한 온라인 대전, 콘텐츠 다운로드, 윈도 미디어 센터와 연계된 멀티미디어 기능, 고화질 게임 플레이, 영화 대여 등이 가능하며, 디자인도 원래의 엑스박스보다 더 세련되었다. 엑스박스 360은 전작인 엑스박스보다 훨씬 큰 인기를 누르며 결국 플레이스테이션의 점유율을 넘어서는 데 성공하였다.

## 미디어 센터

윈도 미디어 센터(Windows Media Center)는 홈 엔터테인먼트 허브 역할을 하도록 설계된 응용 프로그램이다. 윈도 XP 미디어 센터 에디션과 윈도 비스타 얼티밋, 홈 프리미엄 그리고 윈도 7 홈 프리미엄, 프로페셔널, 얼티밋, 엔터프라이즈에 포함되어 있다. 그린 버튼의 기능을 갖는 특별한 리모콘으로 제어되도록 설계되어 있지만 마우스나 키보드로도 동작한다. 이 단추는 윈도에서 미디어 센터를 실행하거나 응용 프로그램에서 시작 메뉴로 되돌아가는 데에 사용된다. 미디어 센터는 컴퓨터 사용자의 사진, 비디오, 음악을 로컬 하드 드라이브, 광학 드라이브, 네트워크 위치로부터 시각화하여 보여 준다. 그 다음, 이름, 날짜, 태그, 다른 파일 특성순으로 나열한다. 미디어 센터를 통해 관리되는 미디어는 홈 네트워크부터, 특별하게 설계된 윈도 미디어 센터 익스텐더나 엑스박스 360을 통한 표준 TV 수상기로까지 널리 사용된다.

## 윈도 모바일

윈도 모바일(Windows Mobile, WM) 또는 윈도 폰(Windows Phone)은 PDA 및 스마트폰에 사용하는 운영 체제이다. 이전에는 포켓 PC라고 불렸다. 이 운영체제는 마이크로소프트사에서 내놓은 모바일 운영체제로 임베디드용 운영 체제인 윈도 CE를 기반으로 하고 있고, 모바일 환경에 적합한 새로운 터치식 사용자 인터페이스를 추가하여 개발되고 있으며, 윈도 CE의 기본적인 기능에 휴대전화 기능이 추가되어 있다. 윈도 모바일은 컴퓨터용 운영 체제인 윈도와 호환성이 탁월하며, 윈도 자체가 워낙 많은 사용자에게 익숙한 운영 체제이기 때문에 모바일 시장에서도 좋은 성적을 거둘 수 있을 것이라는 예상이 많았으나, 사용자에게 불편한 인터페이스 등 여러 문제로 애플의 iOS, 구글의 안드로이드에 밀려 고전을 면치 못하고 있다. 이를 타개하기 위해 마이크로소프트는 이 운영 체제에 큰 변화를 주었으며 6.5 버전까지 이어진 윈도 모바일이라는 이름도 변경하였다. 윈도 폰 7(Windows Phone 7)은 윈도 모바일 시리즈를 계승하는 운영 체제이다. 초기 이름은 윈도 폰 7 시리즈(Windows Phone 7 Series)였으나, 2010년 4월 공식 명칭에서 "시리즈"를 제외하였으며, 2010년 하반기에 출시되었다. 기존의 윈도 모바일 시리즈와는 달리 완전히 변화된(fundamental shift, a different kind of phone) 윈도 폰 7은 커널부터 UI까지 많은 부분이 바뀌었다. 커널은 윈도 CE를 계승한 윈도 임베디드 컴팩트 7 기반으로 알려져 있으며 UI는 메트로(마이크로소프트의 UI 중 하나) UI를 사용하였다. 음악/동영상 서비스로는 준(Zune)을 채용하였으며, 마이크로소프트의 검색 엔진인 빙(Bing)과 엑스박스 라이브 등이 기본적으로 탑재되어 있다. 또한 주소록은 페이스북 같은 SNS와 연동이 되도록 설계하였다. 윈도 폰 7은 윈도 모바일의 부족한 점을 많이 보완하였다는 평가를 받고 있으며 2012년 가을 윈도 폰 8이 출시될 예정이다.

He is Bill Gates

빌 게이츠는 미국 마이크로소프트사의 공동창립자이며, 전 CEO입니다. 세계에서 가장 부유한 사람의 순위를 매길 때 아주 오랜 기간 동안 1위의 자리를 놓치지 않았던 사람이지요.

빌 게이츠는 미국 워싱턴 주 시애틀에서 태어나 하버드 대학교에 입학하였지만 중퇴한 후에 폴 앨런과 함께 마이크로소프트를 창업했습니다. 1990년 초 이래로 개인용 컴퓨터 시장이 급속히 발전하면서 운영체제인 MS-DOS와 MS 윈도를 통해 시장지배자적 지위를 공고히 함으로써 컴퓨터 시장의 주도권을 획득하였습니다. 2000년에는 아내인 멜린다 게이츠와 함께 빌 앤 멜린다 게이츠 재단(Bill and Melinda Gates Foundation)을 설립, 각종 자선사업에도 참가하고 있으며 2005년에는 타임지에서 선정한 올해의 인물로 꼽히기도 했습니다.

이 연설은 2007년 6월 7일 자신이 중퇴한 하버드 대학의 명예졸업장을 받게 된 자리에서 행한 졸업축사입니다.

President Bok, former President Rudenstine, incoming President Faust, members of the Harvard Corporation and the Board of Overseers, members of the faculty, parents, and especially, the graduates:

I've been waiting more than 30 years to say this: "Dad, I always told you I'd come back and get my degree."

I want to thank Harvard for this honor. I'll be changing my job next year, and it will be nice to finally have a college degree on my resume.

I applaud the graduates for taking a much more direct route to your degrees. For my part, I'm just happy that the Crimson called me "Harvard's most successful dropout." I guess that makes me valedictorian of my own special class. I did the best of everyone who failed.

But I also want to be recognized as the guy who got Steve Ballmer to drop out of business school. I'm a bad influence. That's why I was invited to speak at your graduation. If I'd spoken at your orientation, fewer of you might be here today.

복 총장님, 루덴스타인 전 총장님, 파우스트 차기 총장님, 하버드 법인과 감독위원회 위원 여러분, 교수위원회 위원 여러분, 부모님들, 그리고 특별히 이번 졸업생 여러분.

저는 "아빠, 제가 언젠간 학교에 돌아가서 졸업장을 받을 거라고 항상 말했었잖아요."라는 말을 하기 위해 30년 이상을 기다려 왔습니다.

이러한 영예에 대해 학교 측에 감사드립니다. 내년에 직업을 바꿀 예정인데, 이제 제 이력서에도 학사 학위가 있다는 것은 매우 기분 좋은 일이군요.

오늘 저보다 훨씬 빠르게 학위를 취득한 졸업생 여러분들께 박수를 보냅니다. 크림슨(Crimson, 하버드 대학 학보)이 저를 하버드 중퇴자 중 가장 성공한 사람이라고 말해서 광장히 기분이 좋군요. 그러한 칭찬이 저를 저만의 특별한 반의 졸업생 대표로 만들어 주는 듯한 느낌이 드네요. 중퇴자가 할 수 있는 최선을 다했거든요.

그러나 저는 또한 제 친구 스티브 발머가 경영대학원을 중퇴하게 만든 사람으로 기억되기를 바랍니다. 즉 악영향을 끼친 것이죠. 그것이 바로 제가 여러분들의 '졸업식'에 초대된 이유입니다. 만약 제가 여러분들의 입학식에서 연설을 했다면 오늘 이 자리에 있는 여러분들의 숫자는 훨씬 적었을 테니까요.

Harvard was a phenomenal experience for me. Academic life was fascinating. I used to sit in on lots of classes that I hadn't even signed up for. And dorm life was terrific. I lived up at Radcliffe, in Currier House. There were always a lot of people in my dorm room late at night discussing things, because everyone knew that I didn't worry about getting up in the morning. That's how I came to be the leader of the anti-social group. We clung to each other as a way of validating our rejection of all those social people.

Radcliffe was a great place to live. There were more women up there, and most of the guys were math-science types. The combination offered me the best odds, if you know what I mean. That's where I learned the sad lesson that improving your odds doesn't guarantee success.

One of my biggest memories of Harvard came in January 1975, when I made a call from Currier House to a company in Albuquerque, New Mexico that had begun making the world's first personal computer. I offered to sell them software.

I worried they would realize I was just a student in a dorm and hang up on me. Instead they said: "We're not quite ready, come see us in a month," which was a good thing, because we hadn't written the software yet. From that moment, I worked day and night on the extra-credit project that marked the end of my college education and the beginning of a remarkable journey with Microsoft.

**Words**

phenomenal 경탄스러운  cling to ~을 고수하다, 의지하다  vaildate 입증하다 odds 가능성, 공산 하버드 시절은 저에게 경이로운 경험이었습니다. 학교생활은 매력적이었으며 저는 종종 수강 신청을 하지 않은 많은 수업에 들어가곤 했습니다. 그리고 기숙사 생활도 아주 멋졌습니다. 저는 래드클리프에 있는 커리어 하우스(Currier House)에 있었는데 제 방에서는 항상 밤 늦게까지 많은 사람들이 여러 가지를 토의하였습니다. 모두가 제가 아침에 늦게 일어나는 것을 걱정하지 않는다는 것을 알았기 때문이지요. 그것 때문에 저는 반사회적 그룹의 리더가 되기도 했습니다. 우리는 모든 사교적인 사람들에 대한 우리의 거부감을 입증하기 위해 서로서로 밀착하였습니다.

래드클리프는 생활하기에 좋은 장소였습니다. 그곳에는 남자보다 여학생이 더 많았고 대부분의 남학생들은 수학, 과학 등 이과생 타입이었습니다. 그러한 조합은 저에게 최고의 가능성을 제공했습니다. 제 말 뜻을 이해한다면요. 이곳에서 저는 가능성을 높이는 것이 성공을 보장하지는 못한다는 슬픈 교훈을 배웠습니다.

하버드 시절의 가장 중요한 기억은 1975년 1월에 일어났습니다. 그때 저는 제 기숙사에서 뉴멕시코 주의 앨버커키에 있는 회사에 전화를 걸었습니다. 세계 최초로 개인용 컴퓨터를 생산하기 시작한 회사였죠. 저는 그들에게 소프트웨어를 사라고 제안했습니다.

저는 그들이 제가 그저 기숙사에 사는 학생임을 알아채고 전화를 끊을까 봐 걱정했습니다. 하지만 그들은 “우리는 아직 준비가 덜 되었습니다. 한 달 뒤에 연락하세요.”라고 이야기했습니다. 잘된 일이었습니다. 아직 소프트웨어가 완성되지 않았었거든요. 그때부터 밤낮으로 이 추가적인 프로젝트를 완성하는 데 주력했는데, 그것이 제가 학업을 중단하고 마이크로소프트와의 중요한 여정을 시작하게 된 계기가 되었습니다.

What I remember above all about Harvard was being in the midst of so much energy and intelligence. It could be exhilarating, intimidating, sometimes even discouraging, but always challenging. It was an amazing privilege — and though I left early, I was transformed by my years at Harvard, the friendships I made, and the ideas I worked on.

But taking a serious look back, I do have one big regret. I left Harvard with no real awareness of the awful inequities in the world — the appalling disparities of health, and wealth, and opportunity that condemn millions of people to lives of despair.

I learned a lot here at Harvard about new ideas in economics and politics. I got great exposure to the advances being made in the sciences. But humanity's greatest advances are not in its discoveries — but in how those discoveries are applied to reduce inequity. Whether through democracy, strong public education, quality health care, or broad economic opportunity — reducing inequity is the highest human achievement.

I left campus knowing little about the millions of young people cheated out of educational opportunities here in this country. And I knew nothing about the millions of people living in unspeakable poverty and disease in developing countries. It took me decades to find out.

**Words**

exhilarating 아주 신나는  intimidating 겁나는  inequity 불공평  appalling 간담을 서늘하게 하는

제가 하버드 시절에 대해 기억하는 것은 모두 그러한 열정과 지식의 가운데에 존재하는 것들입니다. 그것은 신나거나 위협적이거나 혹은 실망스러운 때도 있었지만 항상 무언가 도전하는 일이었습니다. 그것은 놀라운 특권이었습니다. 그리고 비록 저는 일찍 학교를 떠났지만 제가 하버드에서 보낸 시간과 그 당시 쌓았던 우정 그리고 아이디어들로 인해 저는 완전히 변했습니다.

그러나 과거를 돌이켜볼 때 저는 한 가지 크게 후회되는 일이 있습니다. 세계의 지독한 불균형, 즉 세계 수백만 사람들의 생활을 절망에 빠뜨리는 부와 건강 및 기회의 심각한 불평등에 대한 진정한 인식이 없이 하버드를 떠난 것입니다.

저는 이곳 하버드에서 경제학과 정치학의 새로운 사상에 대해서 배웠고 과학이 이룩한 진보들에 대해서도 많은 공부를 하였습니다. 그러나 인류의 가장 위대한 진보는 그러한 발견이 아니라 어떻게 그러한 발견들이 기존의 불평등을 해소하도록 적용하느냐에 달려 있습니다. 민주주의를 통하거나 강력한 공공교육, 양질의 의료서비스 혹은 폭넓은 경제적 기회를 통해서 불평등을 해소하는 것이야말로 인간이 성취할 수 있는 최상의 것입니다.

저는 이 나라 수백만의 젊은이들이 교육의 기회를 박탈당하는 것에 대해 잘 알지 못하고 캠퍼스를 떠났으며 또한 개발도상국의 수백만 명이 말로 다할 수 없는 참담한 빈곤과 질병에 시달리는 것도 몰랐습니다. 그것을 깨닫는 데 수십 년이 걸렸습니다.

**condemn** 처하게 만들다

You graduates came to Harvard at a different time. You know more about the world's inequities than the classes that came before. In your years here, I hope you've had a chance to think about how — in this age of accelerating technology — we can finally take on these inequities, and we can solve them.

Imagine, just for the sake of discussion, that you had a few hours a week and a few dollars a month to donate to a cause — and you wanted to spend that time and money where it would have the greatest impact in saving and improving lives. Where would you spend it?

For Melinda and I, the challenge is the same: how can we do the most good for the greatest number with the resources we have?

During our discussions on this question, Melinda and I read an article about the millions of children who were dying every year in poor countries from diseases that we had long ago made harmless in this country. Measles, malaria, pneumonia, hepatitis B, yellow fever. One disease that I had never even heard of, rotavirus, was killing half a million children each year — none of them in the United States.

We were shocked. We had assumed that if millions of children were dying and they could be saved, the world would make it a priority to discover and deliver the medicines to save them. But it did not. For under a dollar, there were interventions that could save lives that just weren't being delivered.

**Words**

measles 홍역  pneumonia 폐렴  hepatitis 간염  assume 추정하다

여러분들이 하버드에 올 때는 시대가 달랐습니다. 즉 여러분들은 선배들보다 세상의 불평등에 대해 더욱 잘 알고 있습니다. 지금, 여러분의 시간에, 기술이 급격히 발전하는 이 시대에 어떻게 우리가 이러한 불평등을 직시하고 해결해 나갈 것인지에 대해 여러분들이 고민할 기회를 갖기 바랍니다.

여러분이 일주일에 몇 시간 혹은 한 달에 몇 달러를 어딘가에 기부할 수 있다고 상상해 보십시오. 그 시간이나 돈이 생명을 구하고 삶의 질을 개선할 수 있게 가장 큰 효과가 나타나는 곳에 사용되기 원한다면 그곳은 어디일까요?

멜린다와 저도 같은 고민을 하였습니다. 어떻게 우리가 가진 자원들을 이용하여 가장 많은 사람들에게 가장 좋은 것을 베풀 수 있을까?

이러한 질문에 대한 토의 중, 우리는 이 나라에서는 이미 오래전에 치명적이지 않게 된 질병들로 인해 매년 빈곤국의 수백만의 어린이들이 죽어 가고 있다는 기사를 읽게 되었습니다. 즉 홍역, 말라리아, 폐렴, B형 간염, 황열병 등 말입니다. 이러한 질병 중 제가 전혀 들어 보지도 못한 로타 바이러스라는 병은 매년 50만 명의 어린이들을 사망하게 합니다. 물론 미국 내에서는 전혀 없는 일이죠.

우리는 충격을 받았습니다. 만약 수백만 명의 어린이들이 죽고 있고 그들을 살릴 수 있다면, 세계는 그들을 구하기 위해서 우선적으로 치료약들을 발견하고 전달할 것이라 가정했습니다. 하지만 그렇지 않았습니다. 1달러도 안 되는 금액으로 생명을 구할 수 있는 그 약들이 제대로 전달되지 않는 간섭(이권)이 개입되어 있었습니다.

If you believe that every life has equal value, it's revolting to learn that some lives are seen as worth saving and others are not. We said to ourselves: "This can't be true. But if it is true, it deserves to be the priority of our giving."

So we began our work in the same way anyone here would begin it. We asked: "How could the world let these children die?" The answer is simple, and harsh. The market did not reward saving the lives of these children, and governments did not subsidize it. So the children died because their mothers and fathers had no power in the market and no voice in the system.

But you and I have both. We can make market forces work better for the poor if we can develop a more creative capitalism — if we can stretch the reach of market forces so that more people can make a profit, or at least earn a living, serving people who are suffering from the greatest inequities. We can also press governments around the world to spend taxpayer money in ways that better reflect the values of the people who pay the taxes. If we can find approaches that meet the needs of the poor in ways that generate profits for business and votes for politicians, we will have found a sustainable way to reduce inequity in the world.

**Words**

revolting 혐오스러운, 역겨운  harsh 냉혹한  subsidize 보조금을 주다  capitalism 자본주의

여러분들이 모든 생명의 가치가 동등하다고 믿는다면, 어떠한 생명은 구할 만한 가치가 있어 보이고 어떠한 생명은 그렇지 않아 보인다고 배우는 것은 매우 불쾌한 일입니다. 우리는 스스로에게 "이것이 진실일 리 없어. 그러나 만약 이것이 진실이라면 마땅히 이러한 것을 우리 기부의 우선 순위에 두어야 해."라고 말했습니다.

그래서 우리는 여기 있는 여러분들이 시작했다면 취했을 그 방식으로 우리의 일을 시작했습니다. 우리는 "어떻게 세계는 이 아이들을 죽게 내버려 둘 수 있지?"라고 물었습니다. 대답은 간단했지만 비정했습니다. 시장은 이러한 어린이들을 구하는 행위에 대해 보상을 하지 않았고 정부 또한 이러한 일에 보조금을 지급하지 않았습니다. 그래서 시장에서 가진 힘이 없고 시스템 안에서 목소리도 낼 수 없는 부모들을 둔 어린이들이 죽어 갔던 것입니다.

그러나 여러분들과 저는 두 가지 모두를 가지고 있습니다. 우리가 좀 더 "창조적 자본주의"를 발전시킨다면 가난한 사람들에게 시장이 좀 더 적극적으로 역할을 하도록 만들 수 있습니다. 즉 우리가 시장의 힘의 범위를 확장하여 더 많은 사람들이 이익을 내고 혹은 적어도 생계를 유지할 수는 있게 한다면 지금 최악의 불평등에 시달리는 사람들에게 도움이 될 것입니다. 우리는 또한 전 세계에 있는 정부들에게, 세금을 납부하는 국민들이 가지고 있는 가치를 더 잘 반영할 수 있는 방식으로 세금을 사용해 달라고 압력을 넣을 수 있습니다. 사업에서 이익을 내거나 정치인들에게 투표를 하는 방식 등을 통해서 빈곤한 사람들이 필요한 것들을 충족하는 방법을 알아낼 수 있다면 우리는 이 세상의 불평등을 감소시키는 지속 가능한 방법을 발견할 것입니다.

Now, this task is open-ended. It can never be finished. But a conscious effort to answer this challenge can change the world.

I am optimistic that we can do this, but I talk to skeptics who claim there is no hope. They say: "Inequity has been with us since the beginning, and will be with us till the end — because people just don't care."

I completely disagree. I believe we have more caring than we know what to do with.

All of us here in this Yard, at one time or another, have seen human tragedies that broke our heart, and yet we did nothing — not because we didn't care, but because we didn't know what to do. If we had known how to help, we would have acted.

The barrier to change is not too little caring; it is too much complexity. To turn caring into action, we need to see a problem, see a solution, and see the impact. But complexity blocks all three steps.

**Words**

optimistic 낙관적인  complexity 복잡성

이러한 임무는 한도가 없습니다. 절대 끝나지 않을 겁니다. 그러나 이러한 도전에 응하는 의식적인 노력을 통해 이 세계는 변화할 것입니다.

저는 우리가 이러한 일을 할 수 있다는 것에 대해 낙관적입니다만, 더 이상의 희망이 없다고 하는 비관론자들에게 이야기하는 겁니다. 그들은 "불평등이란 인류의 시작부터 함께해 왔으며 종말까지 함께 있을 것입니다. 왜냐하면 사람들은 거기에 별로 신경 쓰지 않으니까요."라고 말하거든요.

저는 이 말에 대해 전적으로 동의하지 않습니다. 저는 우리가 무엇을 해야 하는지 알고 있는 것보다 훨씬 많이 관심을 가지고 있다고 믿습니다.

여기 모인 우리는 때때로 우리의 가슴을 찢어지게 하는 인류의 비극을 보아 왔습니다만 그 상황에 대해 우리는 아무것도 하지 못했습니다. 그것은 우리가 관심이 없기 때문이 아니라 무엇을 해야 할지 몰랐기 때문입니다. 만약 우리가 도울 방법을 알았다면 우리는 행동했을 것입니다.

변화를 막는 장벽은 지나치게 적은 관심이 아니라 고도의 현실적 복잡성입니다. 관심을 행동으로 옮기기 위해서 우리는 문제를 직시하고 해결책을 찾고 그로 인해 미칠 영향을 파악하는 3단계가 필요하지만 복잡성이라는 것이 이러한 3단계의 진행을 막고 있습니다.

Even with the advent of the Internet and 24-hour news, it is still a complex enterprise to get people to truly see the problems. When an airplane crashes, officials immediately call a press conference. They promise to investigate, determine the cause, and prevent similar crashes in the future. But if the officials were brutally honest, they would say: "Of all the people in the world who died today from preventable causes, one half of one percent of them were on this plane. We're determined to do everything possible to solve the problem that took the lives of the one half of one percent."

The problem is not just the plane crash, but the millions of preventable deaths. We don't read much about these deaths. The media covers what's new — and millions of people dying is nothing new. So it stays in the background, where it's easy to ignore. But even when we do see it or read about it, it's difficult to keep our eyes on the problem. It's difficult to look at suffering if the situation is so complex that we don't know how to help. And so we look away.

If we can really see a problem, which is the first step, we come to the second step: cutting through the complexity to find a solution.

비록 인터넷과 24시간 뉴스프로그램이 출현하였다고 해도 여전히 사람들로 하여금 진정으로 문제를 직시하게 하는 데는 많은 복잡한 요소들이 있습니다. 비행기 추락 사고가 나면 정부에서는 즉시 언론 인터뷰를 실시합니다. 그들은 철저한 조사를 통해 원인을 규명하고 향후 유사한 사고를 방지할 것이라고 약속합니다. 그러나 만일 정부가 지나치게 솔직하다면 이렇게 말할 겁니다. "오늘 이 지구상에서 예방 가능한 사고로 인해 사망한 사람 중 0.5%가 이 사고 비행기에 탑승했습니다. 우리는 그 0.5%의 사람들의 생명을 앗아 간 문제를 해결하기 위해 가능한 모든 것을 하기로 결정했습니다."

그러나 문제는 비행기 사고뿐이 아니라 예방 가능했던 수백만의 사망입니다. 우리는 이러한 죽음들에 대해 자세히 읽지 않습니다. 언론은 주로 최신 뉴스를 다룹니다. 수백만 명의 사망은 더 이상 새로운 뉴스가 아니지요. 따라서 사람들이 무시하기 쉬운 이면에 머무르게 됩니다. 그리고 비록 우리가 그 기사를 보거나 읽었다고 하더라도 그 문제에 계속 시선을 고정하기는 어렵습니다. 또한 만약 그 상황이 너무 복잡해서 어떻게 도와야 할지 알지 못하면 더욱 그 참상에 대해 시선을 고정하기 어려워서 결국 외면하게 됩니다.

첫 번째 단계에 해당하는 문제의 직시가 이루어진다면 우리는 2단계로 접어들어 해결책을 마련하기 위해 복잡한 것들을 무너뜨려야 합니다.

Finding solutions is essential if we want to make the most of our caring. If we have clear and proven answers anytime an organization or individual asks, "How can I help?" then we can get action — and we can make sure that none of the caring in the world is wasted. But complexity makes it hard to mark a path of action for everyone who cares — and that makes it hard for their caring to matter.

Cutting through complexity to find solutions runs through four predictable stages: determine a goal, find the highest-impact approach, deliver the technology ideal for that approach, and in the meantime, use the best application of the technology that you already have — whether it's something sophisticated, like a new drug, or something simple, like a bednet.

The AIDS epidemic offers an example. The broad goal, of course, is to end the disease. The highest-leverage approach is prevention. The ideal technology would be a vaccine that gives lifelong immunity with a single dose. So governments, drug companies, and foundations are funding vaccine research. But their work is likely to take more than a decade, so in the meantime, we have to work with what we have in hand — and the best prevention approach we have now is getting people to avoid risky behavior.

Pursuing that goal starts the four-step cycle again. This is the pattern. The crucial thing is to never stop thinking and working — and never do what we did with malaria and tuberculosis in the twentieth century — which is to surrender to complexity and quit.

우리의 관심을 실제로 실행하기 위해서는 해결책 발견이 필수적입니다. 만약 어떤 기관이나 개인이 "어떻게 우리가 도울 수 있을까?"라고 질문하는 것에 확실하고 입증된 답변을 할 수 있다면 우리는 실행에 옮길 수 있으며 이런 방식으로 세상에 대한 우리의 어떠한 관심도 헛되이 되지 않고 활용될 수 있을 것입니다. 그러나 복잡성이 관심을 가진 모든 사람들이 실행하는 것을 어렵게 만들고 심지어 어떠한 문제들에 대해 관심을 갖는 것도 어렵게 만듭니다.

해결책을 발견하기 위해 복잡성을 무너뜨리는 것은 네 가지의 예상 가능한 단계로 연결됩니다. 목표를 설정하고, 그 목표를 달성할 최고의 수단을 발견하며, 그 수단을 성취할 이상적인 기술을 내놓고, 기존의 기술을 최고로 잘 적용하는 방법을 사용합니다. 신약처럼 복잡한 것이든 침대망처럼 단순한 것이든 상관없죠.

에이즈를 예로 들겠습니다. 물론 넓은 의미의 목표는 그 질병의 퇴치입니다. 최고의 수단은 예방입니다. 이상적인 기술은 단 한 알로 평생 면역이 되는 백신일 것입니다. 따라서 정부와 제약회사와 기금들은 백신 연구를 후원합니다. 그러나 그 작업은 10년 이상이 걸릴 것이므로 그동안 우리는 이미 가지고 있는 것을 가지고 일을 해야 합니다. 즉 현재 우리가 가지고 있는 최고의 예방책은 사람들이 위험한 행동을 하지 않게 하는 겁니다.

이 목표 달성을 위해 다시 4단계 접근법이 적용됩니다. 이것은 일종의 패턴입니다. 중요한 것은 생각하고 일하는 것을 절대로 멈추지 않는 것입니다. 그리고 우리가 20세기에 말라리아와 결핵에 대해 너무 복잡해서 포기했던 잘못을 되풀이해서는 안 된다는 것입니다.

---

crucial 중대한, 결정적인  tuberculosis 폐결핵  surrender 항복하다

The final step — after seeing the problem and finding an approach — is to measure the impact of the work and to share that success or failure so that others can learn from your efforts.

You have to have the statistics, of course. You have to be able to show, for example, that a program is vaccinating millions more children. You have to be able to show, for example, a decline in the number of children dying from the diseases. This is essential not just to improve the program, but also to help draw more investment from business and government.

But if you want to inspire people to participate, you have to show more than numbers; you have to convey the human impact of the work — so people can feel what saving a life means to the families affected.

I remember going to the World Economic Forum some years back and sitting on a global health panel that was discussing ways to save millions of lives. Millions! Think of the thrill if you can save just one person's life — then multiply that by millions. Yet this was the most boring panel I've ever been on — ever. So boring that even I couldn't stand it.

**Words**

convey 전달하다  thrill 전율, 설렘

문제를 직시하고 해결책을 찾은 후 마지막 단계는 여러분들이 한 일이 미치는 영향을 측정하고 당신의 성공과 잘못을 타인과 나눔으로써 다른 사람들이 당신의 노력에서 무언가를 배울 수 있도록 하는 일입니다.

물론 여러분들은 통계자료를 가지고 있어야 합니다. 수행하는 프로그램이 수백만의 어린이들에게 백신을 놓는 일이라는 것과 그러한 질병으로 사망하던 어린이들의 숫자가 감소하는 것을 보여 줄 수 있어야 합니다. 이것은 단지 프로그램의 질을 개선하는 것뿐만 아니라 기업과 정부로부터 더 많은 투자를 유치하기 위해서도 필수적인 것입니다.

그러나 여러분들이 다른 사람들의 참여를 이끌어 내고 싶다면 숫자 그 이상을 보여주어야 합니다. 즉 그 작업의 인간적인 영향력을 전달하여 사람들로 하여금 생명을 구하는 일은 가까운 친지에게 하는 것과 같다는 느낌을 갖도록 하는 것입니다.

저는 몇 년 전 세계 경제 포럼에 세계 보건의 패널로 참여하여 수백만의 생명을 구하는 방법에 대해 토의했던 것을 기억합니다. 수백만! 단 한 명의 목숨을 구하는 데 따르는 온 몸의 전율을 생각해 보십시오, 그리고 그것의 수백만 배를 생각해 보세요. 그러나 그 회의는 제가 경험해 본 가장 지루한 것이었습니다. 참을 수 없을 정도였지요.

What made that experience especially striking was that I had just come from an event where we were introducing version 13 of some piece of software, and we had people jumping and shouting with excitement. I love getting people excited about software — but why can't we generate even more excitement for saving lives?

You can't get people excited unless you can help them see and feel the impact. The way to do that — is another complex question.

Still, I'm optimistic. Yes, inequity has been with us forever, but the new tools we have to cut through complexity have not been with us forever. They are new — they can help us make the most of our caring — and that's why the future can be different from the past.

The defining and ongoing innovations of this age — biotechnology, the personal computer, and the Internet — give us a chance we've never had before to end extreme poverty and end death from preventable disease.

---

**Words**

striking 눈에 띄는, 현저한 ongoing 계속 진행 중인 특별히 기억에 남는 경험은 제가 어떤 소프트웨어의 13번째 버전인가를 소개하는 이벤트에 갔을 때 흥분해서 점프하고 소리치는 사람들을 만난 것입니다. 사람들이 소프트웨어에 열광하게 만드는 일은 정말 기쁜 일입니다. 그런데 왜 우리는 생명을 구하는 일에 흥분하게 하지 못하는 걸까요?

사람들이 그 영향력을 보고 느낄 수 있도록 그들을 돕지 않는다면 여러분은 사람들을 흥분하게 할 수 없습니다. 그러면 어떻게 그렇게 할 것이냐 하는 것은 복잡한 질문입니다.

여전히 지는 낙관적입니다. 네, 불평등은 우리와 아주 오랫동안 함께 있어 왔습니다. 그러나 복잡성을 무너뜨리는 새로운 도구들은 그렇지 않았지요. 그 도구들은 새로운 것이고, 우리가 우리의 관심을 극대화할 수 있도록 도와줄 것입니다. 그리고 그로 인해 앞으로의 미래는 과거와는 다를 것입니다.

이 시대에서 지속적으로 이루어지는 생명공학, 컴퓨터 및 인터넷의 혁신은 극심한 빈곤과 예방 가능한 질병으로 인한 사망을 종식시킬 수 있는 기회를 우리에게 주고 있으며 그것은 과거에는 없었던 기회들입니다.

 01-11

Sixty years ago, George Marshall came to this commencement and he announced a plan to assist the nations of postwar Europe. He said: "I think one difficulty is that the problem is one of such enormous complexity that the very mass of facts presented to the public by press and radio make it exceedingly difficult for the man in the street to reach a clear appraisement of the situation. It is virtually impossible at this distance to grasp at all the real significance of the situation."

Thirty years after Marshall made his address, as my class graduated without me, technology was emerging that would make the world smaller, more open, more visible, less distant.

The emergence of low-cost personal computers gave rise to a powerful network that has transformed opportunities for learning and communicating.

The magical thing about this network is not just that it collapses distance and makes everyone your neighbor. It also dramatically increases the number of brilliant minds we can bring in to work together on the same problem — and that scales up the rate of innovation to a staggering degree.

At the same time, for every person who has access to this technology, five people don't. That means many creative minds are left out of this discussion — smart people with practical intelligence and relevant experience who don't have the technology to hone their talents or contribute their ideas to the world.

60년 전, 조지 마샬이 이 졸업식에 와서 전후의 유럽을 지원하는 계획을 발표했습니다. 그는 "이 문제의 어려움은 언론이나 방송을 통해 대중들에게 전달되는 내용이 엄청나게 복잡하다 보니 사람들로 하여금 현 상황에 대한 간결한 평가를 하기가 매우 어렵게 만든다는 것입니다. 현재 이 상황에 대한 모든 중요한 점들을 빠뜨리지 않고 파악하기는 실로 불가능합니다."라고 말했습니다.

마샬이 그 연설을 하고 30년 뒤, 그러니까 지금으로부터 30년 전 저를 제외한 친구들이 학교를 졸업할 때, 세상을 더 작고, 더 개방되고, 더 선명하고, 더 가깝게 만들 기술들이 막 나오고 있었습니다.

저렴한 개인용 컴퓨터는 교육과 소통의 기회를 전달하는 강력한 네트워크가 출현하도록 했습니다.

이 네트워크의 놀라운 점은 단지 거리의 제약을 없애고 모든 사람들이 이웃이 되게 하였다는 점뿐만 아니라 같은 문제를 해결하기 위해 함께 작업할 수 있는 총명한 사람들의 숫자를 엄청나게 증가시켰다는 것입니다. 또한 그것을 통해 경이로울 정도로 혁신의 속도가 빨라지고 있습니다.

동시에 모든 사람들이 이러한 기술에 접속하여 있지만 다섯 명은 그렇지 않습니다. 즉 많은 창조적인 사람들이 이 토의에서 제외되어 있다는 것입니다. 현실적인 지식과 관련된 경험을 가지고 있지만 기술을 모르는 똑똑한 사람들이 그들의 재능을 연마하고 그들의 아이디어로 세상에 기여할 사람들 말입니다.

---

**hone** 연마하다

We need as many people as possible to gain access to this technology, because these advances are triggering a revolution in what human beings can do for one another. They are making it possible not just for national governments, but for universities, corporations, small organizations, and even individuals to see problems, see approaches, and measure the impact of their efforts to address the hunger, poverty, and desperation George Marshall spoke of 60 years ago.

Members of the Harvard Family: Here in the Yard is one of the great collections of intellectual talent in the world. For what purpose?

There is no question that the faculty, the alumni, the students, and the benefactors of Harvard have used their power to improve the lives of people here and around the world. But can we do more? Can Harvard dedicate its intellect to improving the lives of people who will never even hear its name?

**Words**

trigger 촉발시키다  alummi 졸업생들

이러한 수준의 기술에 접근하기 위해서는 가능한 한 많은 사람들이 필요합니다. 왜냐하면 이러한 진보는 인류로 하여금 타인에게 베풀 수 있는 일들의 혁명을 촉진하기 때문입니다. 이러한 진보는 단지 국가정부만이 아니라 대학교, 회사, 중소규모 단체, 심지어 개인들까지도 문제를 직시하고 해결을 위한 접근법을 모색하며 60년 전 조지 마샬이 언급했던 빈곤, 기근, 절망을 다루기 위한 그들의 노력을 측정할 수 있게 해줍니다.

하버드 가족 여러분, 여기 캠퍼스는 전 세계에서 모인 인재들의 집합소입니다. 무엇을 위해서일까요?

여기 계신 하버드 교수, 동문, 학생 그리고 후원자 여러분들께서 전 세계 사람들의 삶을 향상시키기 위해 본인들의 힘을 사용한다는 것은 의문의 여지가 없습니다. 그러나 우리가 좀 더 할 수 있지 않을까요? 하버드가 하버드라는 이름조차 들어보지도 못한 사람들의 삶을 향상시키는 데 그 지성을 바칠 수 있지 않을까요?

Let me make a request of the deans and the professors — the intellectual leaders here at Harvard: As you hire new faculty, award tenure, review curriculum, and determine degree requirements, please ask yourselves: Should our best minds be more dedicated to solving our biggest problems? Should Harvard encourage its faculty to take on the world's worst inequities? Should Harvard students know about the depth of global poverty, the prevalence of world hunger, the scarcity of clean water, the girls kept out of school, the children who die from diseases we can cure? Should the world's most privileged learn about the lives of the world's least privileged? These are not rhetorical questions — you will answer with your policies.

My mother, who was filled with pride the day I was admitted here — never stopped pressing me to do more for others. A few days before I was married, she hosted a bridal event, at which she read aloud a letter about marriage that she had written to Melinda. My mother was very ill with cancer at the time, but she saw one more opportunity to deliver her message, and at the close of the letter she said: "From those to whom much is given, much is expected."

When you consider what those of us here in this Yard have been given — in talent, privilege, and opportunity — there is almost no limit to what the world has a right to expect from us.

여기 하버드 지성의 지도자이신 학장님과 교수님들께 요청합니다. 여러분들이 새로운 교수를 영입하거나 종신교수권을 받거나, 교과과정을 검토하거나 각 학위에서 요구하는 사항들을 결정할 때 자신에게 물어보십시오. 우리의 최고의 정신이 우리의 가장 큰 문제를 해결하기 위해 바쳐지고 있는가? 하버드는 교수들이 세계 최악의 불평등을 직시하고 고민하도록 권장하고 있는가? 하버드 학생들은 세계적인 빈곤이나, 만연한 기아, 깨끗한 물의 부족, 학교에 가지 못하는 여학생들 및 우리가 치료할 수 있는 질병으로 죽어 가는 아이들에 대해 배우고 있는가? 세계에서 가장 많은 특권을 가진 사람들이 최저의 권리를 가진 사람들의 삶에 대해 배우고 있는가? 이것들은 어떤 미사여구의 질문들이 아닙니다. 여러분들은 자신의 철학을 가지고 답변을 해야 합니다.

제가 이곳에 입학한 것을 몹시 자랑스러워하셨던 어머니는 항상 저에게 다른 사람들을 위해 더 많이 베풀라고 압박하셨습니다. 제 결혼식 며칠 전, 어머니는 신부 이벤트를 주관하면서 결혼에 대해 멜린다에게 쓴 편지를 큰 소리로 읽으셨습니다. 그 당시 어머니는 암으로 고생하셨습니다. 하지만 어머니는 그것을 자신의 뜻을 전달할 수 있는 또 하나의 기회라고 생각하셨습니다. 편지의 말미에 어머니는 "많은 것을 받은 사람들에게는 더 많은 의무가 요구된다."라고 쓰셨습니다.

이 캠퍼스의 우리들에게 주어진 것들 – 재능, 특권, 그리고 기회 등 – 을 생각해 보면 세상이 우리에게 기대할 수 있는 권리에는 거의 제한이 없습니다.

In line with the promise of this age, I want to exhort each of the graduates here to take on an issue — a complex problem, a deep inequity, and become a specialist on it. If you make it the focus of your career, that would be phenomenal. But you don't have to do that to make an impact. For a few hours every week, you can use the growing power of the Internet to get informed, find others with the same interests, see the barriers, and find ways to cut through them.

Don't let complexity stop you. Be activists. Take on big inequities. I feel sure it will be one of the great experiences of your lives.

You graduates are coming of age in an amazing time. As you leave Harvard, you have technology that members of my class never had. You have awareness of global inequity, which we did not have. And with that awareness, you likely also have an informed conscience that will torment you if you abandon these people whose lives you could change with modest effort.

You have more than we had; you must start sooner, and carry on longer.

이 시대에 대한 약속에 부응하기 위해 저는 여기 모인 졸업생 모두가 심각한 불평등 같은 복잡한 문제를 직시하고 그것에 전문가가 되기를 권합니다. 만약 여러분들이 향후 경력의 초점을 항상 이것에 둔다면 그것은 정말 경이로운 일일 것입니다. 그러나 영향을 미치기 위해 그렇게 할 필요는 없습니다. 단지 매주 몇 시간 여러분들은 지식을 얻기 위해 점점 커지는 인터넷의 힘을 사용하고, 동일한 관심을 가진 다른 사람들을 발견하고, 장애물을 파악하고, 그것들을 무너뜨릴 수 있는 방법을 모색하면 됩니다.

복잡한 현실이 당신을 멈추지 못하게 하십시오. 행동하는 사람이 되십시오. 불평등을 직시하십시오. 그것은 당신 인생에 있어 가장 위대한 경험 중 하나가 될 것입니다.

여러분들은 정말 환상적인 시대에 사회에 나오는 것입니다. 여러분들이 하버드를 떠나게 되면 여러분들은 제 동기들 중 누구도 경험해 보지 못한 기술을 가지게 될 것이고 우리가 몰랐던 세계적인 불평등에 대해 인지하게 됩니다. 그리고 그러한 인지와 더불어, 여러분들의 매우 작은 노력으로도 삶을 변화시킬 수 있는 어려운 사람들을 돕지 않는다면 양심의 소리에 고뇌하게 될 것입니다.

여러분들은 저희 세대보다 많은 것을 가졌습니다. 그러므로 조속히 시작하시고, 오래도록 지속하십시오.

 01-15

And I hope you will come back here to Harvard 30 years from now and reflect on what you have done with your talent and your energy. I hope you will judge yourselves not on your professional accomplishments alone, but also on how well you have addressed the world's deepest inequities, on how well you treated people a world away who have nothing in common with you but their humanity.

Good luck.

그리고 지금으로부터 30년 뒤 여기 하버드에 돌아와서 여러분들의 재능과 열정으로 이루어 온 일들을 떠올리시기 바랍니다. 직업적인 성취뿐만이 아니라 어떻게 전 세계의 뿌리 깊은 불평등을 해소하는 데 기여했는지, 인류라는 것 외에는 어떠한 공통점도 가지고 있지 않은 타 지역의 사람들을 어떻게 대했는지를 기준으로 자기 자신을 평가해 보시기를 기원합니다.

감사합니다.

# PART 02

## BILL GATES' TOP 10 SPEECHES

TED. TED 강연회

# 01 How I'm Trying to Change the World Now

2009년 2월의 TED 강연회에서 있었던 빌 게이츠의 강연입니다. TED는 Technology, Entertainment, Design의 머릿글자를 딴 것으로, 정기적으로 기술, 오락, 디자인에 관한 강연회를 개최하는 미국의 비영리재단입니다.

이 강연에서 빌 게이츠는 말라리아와 교육 문제를 해결하기 위해서는 많은 사람들의 도움이 필요하다고 말하며 자선사업에 참여해 달라는 메시지를 전합니다. 이 장에는 특히 말라리아 퇴치를 위해 게이츠 재단이 진행 중인 일들과 앞으로 필요한 것들을 밝히고 많은 사람들이 자선 사업이 참여해 주기를 바라는 내용이 실려 있습니다.

So we've come up with a few new things. We've got bed nets. But we have to be careful because malaria — the parasite evolves and the mosquito evolves. So every tool that we've ever had in the past has eventually become ineffective. And so you end up with two choices. If you go into a country with the right tools and the right way, and you do it vigorously, you can actually get a local eradication. And that's where we saw the malaria map shrinking.

그래서 우리는 몇 가지 사안을 고안해 내었습니다. 바로 모기장입니다. 하지만 우리는 조심해야 합니다 — 기생충이 진화하듯이, 모기도 진화합니다. 따라서 우리가 가진 과거의 모든 도구들은 결국에는 소용이 없어집니다. 결국 두 가지 선택 사항 앞에 놓이게 되죠. 여러분이 올바른 도구와 올바른 방식을 가지고 한 나라에 가서 열심히 사용한다면, 실질적인 지역적 박멸을 이룰 수 있게 됩니다. 그리고 그곳이 말라리아 분포 지도가 줄어드는 곳이 됩니다.

# 01 How I'm Trying to Change the World Now

I think there are some very important problems that don't get worked on naturally. That is, the market does not drive *the scientists, the communicators, the thinkers, the governments to do the right things. And only by paying attention to these things and *having brilliant people who care and draw other people in can we make as much progress as we need to.

## Check the Sentence

<u>That is</u>, the market does not drive the scientists, the communicators, the thinkers, the governments to do the right things.
그것은 바로, 시장이 과학자들이나 전달자들, 사상가들 그리고 정부가 올바른 것을 하도록 이끌지 않는다는 것입니다.

➡ that is는 that is to say에서 to say를 생략한 표현으로 '즉, 다시 말하면'이란 뜻의 연결어입니다. in other words, more exactly, to put it another way, I mean 등의 표현들로 바꾸어 쓸 수 있으며, 앞에서 말한 내용을 구체적으로 밝힐 때 사용합니다. that is, in other words는 문어체에서 더 자주 쓰이고, 나머지 표현들은 구어체에 더 자주 쓰입니다.

저는 자연적으로 해결되지 않는 중요한 문제들이 있다고 생각합니다. 그것은 바로, 시장이 과학자들이나 전달자들, 사상가들 그리고 정부가 올바른 것을 하도록 이끌지 않는다는 것입니다. 이러한 것들에 주의를 기울이거나, 이러한 사안들을 신경 쓰는 현명한 사람들이 다른 사람들을 끌어들이는 것만으로도 우리가 필요한 만큼의 진보를 이룰 수 있습니다.



*the scientists, the communicators, the thinkers 이 부분은 단어가 나열되고 있습니다. 단어마다 올려 읽되, 마지막 단어는 끝을 내려 읽으세요.
*having brilliant people who care / and draw other people in은 접속사 and 앞에서 끊어 읽습니다.

So this morning I'm going to share two of these problems and *talk about where they stand. But before I dive into those I want to admit that I am an optimist. Any tough problem, I think it can be solved. And part of the reason I feel that way is looking at the past. Over the last century, average lifespan has more than doubled. Another statistic, perhaps my favorite, is to look at childhood deaths. As recently as 1960, 110 million children were born, and 20 million of those died before the age of five. Five years ago, 135 million children were born — so, more — and less than 10 million of them died before the age of five. So that's a factor of two reduction of the childhood death rate. It's a *phenomenal thing. I mean each one of those lives matters a lot.

## Check the Sentence

But before I <u>dive into</u> those I want to admit that I am an optimist.
하지만, 깊이 들어가기에 앞서, 저는 낙관주의자임을 밝히고 싶습니다.

➡ dive into는 말 그대로 '다이빙을 하다(깊이 들어가기, 본격적으로 들어가기)'로 해석됩니다. 연설가가 한 주제에 대해 본격적으로 다루기 전에 무언가를 전제할 때 많이 쓰는 표현입니다. 여기서도 빌 게이츠가 두 가지 문제에 대해 다루기 전에, 자신은 낙관주의자라는 것을 인정하고 싶다면서 before I dive into라는 표현을 사용했습니다.

그래서 저는 오늘 아침, 이 두 가지 문제점들을 공유하고, 그 문제점들이 어디에 놓여 있는지에 대해 이야기하고자 합니다. 하지만, 깊이 들어가기에 앞서, 저는 낙관주의자임을 밝히고 싶습니다. 아무리 힘든 문제라도 해결될 수 있다고 생각합니다. 이렇게 느끼는 이유 중 하나는 과거를 바라보았기 때문입니다. 지난 수 세기 동안, 평균 수명이 두 배 이상 늘어났습니다. 다른 통계 하나는, 아마 제가 가장 좋아하는 것일 텐데, 아동 사망률을 보여 줍니다. 1960년대만 하더라도, 일억 천만 명의 아이들이 태어났으며, 그중 이천만 명의 아이들이 다섯 살도 되기 전에 사망하였습니다. 5년 전에는, 일억 삼천오백만 명의 아이들이 태어났고, 출생률은 높아졌으나, 그중에 천만 명이 조금 안 되는 아이들이 다섯 살이 되기 전에 사망하였습니다. 이것은 아동 사망률의 감소를 보여 주는 요소입니다. 놀랄 만한 일이지요. 이 생명들 하나하나가 의미하는 바가 큽니다.

**Speak It Out**

＊talk about은 talk의 k와 about의 a가 연음이 되어 마치 한 단어처럼 [토커바웃]으로 들립니다.
＊phenomenal의 ph는 주로 [f]로 발음되어 [피나미널]처럼 읽습니다.

Well there's only a few *diseases that account for the vast majority of those deaths: diarrhea, pneumonia and malaria. And so that brings us to the first problem that I'll raise this morning, which is how do we stop a disease, a deadly disease that's spread by *mosquitoes? ⟨*however, because it*⟩* is only in the poorer countries, it doesn't get much investment. For example, there's more money put into baldness drugs than are put into malaria. Now, baldness, it's a terrible thing.  And rich men are afflicted. And so that's why that priority has been set. But, malaria — even the million deaths a year caused by malaria greatly understate its impact. Over 200 million people at any one time are suffering from it. It means that you can't get the economies in these areas going because other just holds things back so much. Now, malaria is of course transmitted by mosquitoes.

* 원문에는 없음. 독자의 이해를 돕기 위해 편집 과정에서 인위적으로 집어넣었습니다.

### Check the Sentence

And so <u>that brings us to the first problem</u> that I'll raise this morning, which is how do we stop a disease, a deadly disease that's spread by mosquitoes?
오늘 아침에 제가 제기할 첫 번째 문제는 모기로 인해 번지는 치명적인 질병을 어떻게 막을 수 있을까? 하는 것입니다.

➡ 연설이나 프레젠테이션 등에서 많이 쓰이는 표현이 That[This] brings us[me] to the first problem[main topic, idea, etc.]인데요. 앞서 이야기한 내용들이 자연스럽게 본 연설의 주제, 지금부터 하고자 하는 이야기로 연결될 때 사용합니다. 위 지문에서 빌 게이츠는 아동 사망의 주요 원인이 되는 질병들을 언급한 후, 이런 질병들을 어떻게 막을 수 있을지를 이야기하고자 합니다.

이러한 죽음의 주된 요인으로는 설사병, 폐렴, 말라리아와 같은 몇 가지 안 되는 질병이 있지요. 오늘 아침에 제가 제기할 첫 번째 문제는 모기로 인해 번지는 치명적인 질병을 어떻게 막을 수 있을까? 하는 것입니다. 〈하지만, 왜냐하면〉 오직 가난한 나라일수록 많은 투자를 받지 못한다는 것입니다. 예를 들면, 말라리아에 투자할 돈보다 탈모 방지 약에 투자하는 돈이 더 많습니다. 자, 탈모는 끔찍한 것이죠. 그리고 부자들은 괴로워합니다. 이렇게 해서 우선순위가 정해지죠. 하지만, 일 년에 백만 명도 넘는 사람의 목숨을 앗아 가는 말라리아는 그 파장이 굉장히 축소됩니다. 2억 명이 넘는 사람들이 말라리아 때문에 언제든 한 번은 고통을 겪게 됩니다. 이 말은 이 지역의 경제가 활성화되는 것을 볼 수 없다는 뜻입니다. 왜냐하면 이러한 것들이 발복을 잡고 있기 때문이지요. 물론, 말라리아는 모기에 의해 전염됩니다.



*disease(s)처럼 명사가 se로 끝나면 [즈]로 발음됩니다. 이 단어의 복수형인 diseases는 [디지지즈]로 발음됩니다.

*mosquitoes의 q는 입을 오므린 상태로 입술을 내밀어 [퀴]처럼 발음합니다. [모스퀴토스]

So we've come up with a few new things. We've got bed nets. But we have to be careful because malaria — the parasite evolves and the mosquito evolves. So every tool that we've ever had in the past has *eventually become ineffective. And so you *end up with two choices. If you go into a country with the right tools and the right way, and you do it vigorously, you can actually get a local eradication. And that's where we saw the malaria map shrinking. Or, if you go in kind of half-heartedly, for a period of time you'll reduce the disease burden, but eventually those tools will become ineffective, and the death rate will soar back up again. And the world has gone through this where it paid attention and then didn't pay attention.

**Check the Sentence**

So we've <u>come up with</u> a few new things.
그래서 우리는 몇 가지 사안을 고안해 내었습니다.

➡ come up with는 '해답이나 좋은 아이디어 등을 찾아내거나 내놓다'는 표현입니다. 여기에서는 모기로 인한 질병을 퇴치하는 좋은 방법들을 찾아냈다는 거죠. 단순히 make, create, think of 등의 표현보다 훨씬 의미가 강하고 효과적이기 때문에 적절히 사용하면 좋습니다. 더군다나 빌 게이츠야말로 come up with에 딱 들어맞는 사람이 아닐까요?

 바로 모기장입니다. 하지만 우리는 조심해야 합니다 — 기생충이 진화하듯이, 모기도 진화합니다. 따라서 우리가 가진 과거의 모든 도구들은 결국에는 소용이 없어집니다. 결국 두 가지 선택 사항 앞에 놓이게 되죠. 여러분이 올바른 도구와 올바른 방식을 가지고 한 나라에 가서 열심히 사용한다면, 실질적인 지역적 박멸을 이룰 수 있게 됩니다. 그리고 그곳이 말라리아 분포 지도가 줄어드는 곳이 됩니다. 그렇지 않고, 만약 여러분이 건성으로 참여한다면, 한동안은 질병적 부담을 줄일 수 있지만 결국에는 그러한 도구들이 효력이 없어집니다. 그리고 사망률은 또다시 치솟을 것입니다. 세계는 한때 관심을 보였으나 이후에 관심을 보이지 않았던 이 과정을 거쳐 왔습니다

## Speak It Out

*eventually에서 t는 [이벤츄얼리]처럼 [트]가 아닌 [츠]에 가까운 소리가 납니다.

*end up처럼 동사와 전치사가 한 단어처럼 사용되는 동사구(이어동사)는 전치사에 강세가 있습니다. end보다 up을 강하게 읽어 보세요. 그리고 d와 u가 연음되어 [엔덥]처럼 들립니다.

Now we're on the *upswing. Bed net funding is up. There's new drug discovery going on. Our foundation has backed a vaccine that's going into phase three trial that starts in a couple months. And that should save over two thirds *of the lives if it's effective. So we're going to have these new tools.

## Check the Sentence

Now we're on the <u>upswing</u>.
지금 우리는 상승세에 있습니다.

➡ upswing은 (어느 정도의 기간에 걸친) 호전, 상승, 증가란 뜻입니다. 본 지문에서는 모기로 인한 질병을 막고자 노력하는 상황 자체가 호전 중이라는 문맥으로 이해하면 됩니다. on the upswing(상승세)과 자주 쓰이는 단어들에는 growth(성장), rate(비율), population(인구), investment(투자), stock(주식), fundraising(자금출자) 등이 있습니다.

 모기장 모금이 늘고 있습니다. 신약 개발도 계속되고 있지요. 우리 재단은 몇 달 후에 세 번째 실험 단계에 들어갈 예정인 백신을 후원해 왔습니다. 그 약이 효력이 있다면, (말라리아로 고통받는 사람들의) 2/3 이상의 인명을 구할 것입니다. 새로운 도구들을 가지게 되는 것이죠.



★upswing에서 w를 발음할 때는 입을 동그랗게 오므려 내밀었다가 재빨리 스마일~ 하듯이 입을 양옆으로 벌립니다.

★of에서 f는 [v]의 음가를 갖습니다. 윗니를 아랫입술의 가운데에 닿게 발음해 주세요.

But that alone doesn't *give us the road map. Because the road map to get rid of this disease involves many things. It involves communicators to keep the funding high, to keep the visibility high, to tell the success stories. It involves social scientists, so we know how to get not just 70 percent of the people to use the bed nets, but 90 percent. We need mathematicians to come in and simulate this, to do Monte Carlo things to understand how these tools combine and work together. Of course we need drug companies to give us their expertise. We need rich-world governments to be very generous in providing *aid for these things. And so as these elements come together, I'm quite optimistic that we will be able to eradicate malaria.

### Check the Sentence

We <u>need rich-world governments to be</u> very generous in <u>providing aid for these things</u>.
우리는 부유한 국가의 정부가 이러한 것들에 대해 관대한 도움을 제공해 주기를 원합니다.

➡ 〈need + 목적어 + to + 동사〉는 '목적어(주로 사람, 단체, 대상)가 ~해 주기를 원한다, 필요로 하다'라는 뜻으로 자주 쓰이는 구문입니다. 여기서 need는 want나 ask로도 바꿔 쓸 수 있고요. provide A with B라는 구문을 한 번쯤은 들어 보셨을 법한데, 이때 A는 제공받는 대상, B는 제공하는 물건, 도움, 서비스 등이 됩니다. 그렇다면 이 문장에서는 provide B(aid) for A(these things)의 구조로 표현되어 있는 것에 주목할 필요가 있습니다. 제공하는 물건, 도움, 서비스 등이 먼저 나올 때는 전치사가 with가 아니라 for를 쓴다는 것을 알아 두세요.

하지만 이것만으로는 충분한 구상도라고 할 수 없습니다. 왜냐하면 이 질병을 없애기 위한 구상도는 많은 것들과 연관되어 있기 때문입니다. 그것은 소통자들이 계속해서 기부를 많이 하는 것과, 계속 눈에 잘 띄게 하는 것과, 성공한 이야기들을 들려 주는 것과 관련이 있습니다. 이것은 사회과학자들과도 관련이 있어서 우리는 어떻게 70%가 아닌, 90%의 사람들이 모기장을 사용할 수 있게 하는지를 알게 됩니다. 우리는 이러한 도구들이 어떻게 결합하여 작용하게 되는지 이해하기 위해 몬테 카를로 법(응용수학의 한 분야) 같은 것을 적용하고 모의 실험해 볼 수학자들이 필요합니다. 물론, 제약회사들이 우리에게 그들의 전문지식을 내놓기를 바랍니다. 우리는 부유한 국가의 정부가 이러한 것들에 대해 관대한 도움을 제공해 주기를 원합니다. 그러므로 이러한 요소들이 합쳐져서 말라리아를 뿌리 뽑을 수 있다는 데에 저는 굉장히 낙관적입니다.



＊give us는 [기버스]처럼 ve와 u를 연음시켜 말합니다.
＊aid에서 ai는 [에]가 아닌 [에이]로 발음되어 [에이드]가 됩니다.

You know, the system doesn't naturally *make it happen. Governments don't naturally pick these things in the right way. The private sector doesn't naturally put its resources into these things. So it's going to take brilliant people like you to study these things, get other people involved — and you're helping to come up with solutions. And with that, I think there's some great things that will come *out of it.

Thank you.



So it's going to take brilliant people like you to study these things, get other people involved — and you're helping to come up with solutions.
그러므로 여러분과 같은 현명한 사람들이 이러한 것들을 연구하시고 다른 사람들도 동참할 수 있도록 해 주셔야 합니다. 그리고 해결책을 고안해 내는 것을 도와주셔야 합니다.

➡ 빌 게이츠가 이 연설을 통해 말하고자 하는 주제입니다. 어떠한 문제를 해결하기 위한 시스템은 저절로 행해지지 않고, 정부도 민간 부문도 적극적으로 개입하는 것이 아니기 때문에, 바로 청중들(brilliant people like you)의 참여로 함께 해결책을 고안해 내기를 권하고 있는 것입니다.

아시는 바와 같이, 이 시스템은 저절로 행해지지 않습니다. 정부에서도 저절로 올바른 방향을 잡지는 못합니다. 민간 부문에서도 자원을 이러한 문제에 자연스럽게 투입하지는 않습니다. 그러므로 여러분과 같은 현명한 사람들이 이러한 것들을 연구하시고 다른 사람들도 동참할 수 있도록 해 주셔야 합니다. 그리고 해결책을 고안해 내는 것을 도와주셔야 합니다. 그렇게만 된다면, 저는 멋진 해결책들이 나오리라 생각합니다.

감사합니다.



*make it은 ke와 i가 연음되어 마치 한 단어처럼 [메이킷]으로 들립니다.
*out of it은 세 단어를 이어서 [아우토빗]처럼 발음해 보세요.

Recycle Bin    Audacity
Downloads
Calc
Internet
Mozilla Firefox
E-mail
Mozilla Thunderbird
Disk Cleanup
Welcome Center
Windows Media Player
Windows DVD Maker
Windows Media Center
Windows Photo Gallery
Windows Live Messenger Download
Windows Calendar
Mahjong Titans
InkBall
All Programs
Start Search
Nick Perla
Documents
Pictures
Music
Games
Recent Items
Computer
Network
Connect To
Control Panel
Default Programs
Help and Support
Windows Vista.
윈도 비스타

# 02   Keynote on Vista Launch

2006년 11월 9일에 벨기에의 브뤼셀에서 있었던 윈도 사업 혁신 행사(Windows Business Innovation Event)에서 있었던 빌 게이츠의 윈도 비스타 기조연설입니다. 단순히 윈도 비스타라는 한 제품의 소개에 그치는 것이 아니라 개인용 컴퓨터와 모바일 기기 이용에 있어서의 통합 양상이라든지, 그러한 양상에 맞추기 위한 소프트웨어의 플랫폼 확장 등을 함께 다루어 당시의 IT계의 흐름을 알 수 있게 해 줍니다.

And so making those worlds work very well together, so documents can be exchanged. Even things like rights management, where you create a document and you say only certain people in the company should see it, that should extend out in a simple way to viewing those documents on the mobile phone. So, that's an increasingly important part of the platform. The platform has got to make it so things are user-centric as you move from device to device your information can show up automatically for you. Whether it's a Windows PC or a phone, you're not doing by hand; transferring files around, figuring out how to get your calender onto the different things.

그리고 이런 세계들이 다 같이 잘 작동되면 문서 교환이 가능해집니다. 심지어 저작권 관리와 같이, 여러분이 문서를 작성하고 회사의 특정 인물들만 봐야 한다고 말하는 경우, 이는 휴대폰으로 문서들을 볼 수 있는 간단한 방법으로 확대되어야 합니다. 이것이 플랫폼에서 점차 그 중요성이 증가하고 있는 부분입니다. 플랫폼은 사용자 중심으로 만들어져야 하므로, 여러분이 기기에서 기기로 옮길 때마다 여러분의 정보는 여러분에게 자동으로 나타나야 합니다. 그것이 윈도 PC든, 휴대폰이든, 손으로 직접 하는 것은 없습니다. 파일을 옮긴다든지, 다른 것들에 일정표를 적용하는 법을 이해한다든지 하는 것들 말입니다.

# 02 Keynote on Vista Launch

And so we saw that software would be the key missing piece and hence Microsoft was started. Every two years that doubling in power has taken place. In fact, not only the microprocessor, also the size of the disk storage has gone up even faster. The speed of optic fiber connections has gone up faster, and so we find *ourselves with *incredible power to use to create value. Today this standard Windows servers at very low cost, deliver performance far beyond what even a mainframe type system was capable of doing in the past.

Check the Sentence

Today this standard Windows servers at very low cost, deliver performance far beyond what even a mainframe type system was capable of doing in the past.
오늘날 표준 윈도 서버들은 매우 낮은 비용으로도 과거의 메인프레임 유형의 시스템이 할 수 있었던 것보다 훨씬 뛰어난 성능을 보여 줍니다.

➡ 이 문장 자체는 다소 길지만 간단한 구조입니다. 주어와 동사, 목적어 등의 뼈대를 먼저 찾아봅시다. 주어는 the standard Windows servers, 동사는 deliver, 목적어는 performance입니다. far beyond 뒤에 걸리는 what부터 문장 끝까지는 관계대명사 what절, 즉 명사절이고 '~것'으로 해석하면 됩니다.

 비스타 출시 키노트

그리하여 우리는 빠진 핵심 조각이 바로 소프트웨어라 판단했고 이런 이유로 마이크로소프트가 시작되었습니다. 2년마다 처리 속도가 2배로 증가해 왔습니다. 사실, 마이크로프로세서뿐만 아니라, 디스크의 저장 용량도 훨씬 더 빠른 속도로 증가해 왔습니다. 광섬유 연결 속도도 빨라졌지요. 그래서 우리는 가치를 창조해 내는 데 사용할 놀라운 능력을 갖게 되었음을 발견하였습니다. 오늘날 표준 윈도 서버들은 매우 낮은 비용으로도 과거의 메인프레임 유형의 시스템이 할 수 있었던 것보다 훨씬 뛰어난 성능을 보여 줍니다.



*재귀대명사는 인칭대명사의 소유격이나 목적격에 -self(단수)나 -selves(복수)를 붙여 만듭니다. ourselves는 [아워셀브즈]처럼 발음합니다.
*incredible은 [인크레더블]처럼 중간의 di를 [디]로 발음하지 않도록 주의하세요.

The form of the computer is changing as well. It's getting smaller, it's *getting more pervasive. If we think about the machine on our desk, it's becoming a flat-panel device with a very large screen area. In fact, bigger and bigger, so that we can look at and deal with more information. The portable machine is getting thinner, lighter and smaller, and in fact there'll be a tablet form factor that you can carry around literally like a tablet of paper. And it's comfortable enough to read off of that screen as you *hold it in your hands; that it's as good as having a magazine, a newspaper, the traditional way of reading.

## Check the Sentence

And it's <u>comfortable enough to read off</u> of that screen as you hold it in your hands; <u>that</u> it's as good as having a magazine, a newspaper, the traditional way of reading.

그래서 여러분이 손에 들고서 화면을 보기에 충분히 편안할 것입니다. 그것은 잡지나 신문을 보는 것과 같이 기존의 독서 방식과 동일합니다.

➡ comfortable enough to read off에서 주목할 것은 〈형용사 + enough + to + 동사〉로 이어지는 어순입니다. enough to는 '~할 만큼 충분히 ~하다'로 해석되죠.
문장 중반 이후 ; that으로 이어지는 문장은 별도의 접속사 없이 앞 문장과 긴밀히 연결되는 문장을 덧붙일 때 흔히 쓰는 방법으로 세미콜론(;)을 쓴 것입니다.

컴퓨터의 형태 또한 변화하고 있습니다. 크기는 점점 작아지고, 더 널리 보급되고 있습니다. 책상 위의 기계를 떠올려 보면, 그것은 상당히 큰 화면을 가진 평면 모니터 장치가 되어 가고 있습니다. 사실상 점점 더 커지고 있어서, 우리는 더 많은 정보를 보고 또 처리할 수 있게 되었습니다. 휴대용 기기는 점점 얇아지고, 가벼워졌고, 작아졌으며, 여러분이 문자 그대로 메모장처럼 들고 다닐 수 있는 태블릿 폼팩터(하드웨어의 크기, 구성, 물리적 배열)가 존재할 것입니다. 그래서 여러분이 손에 들고서 화면을 보기에 충분히 편안할 것입니다. 그것은 잡지나 신문을 보는 것과 같이 기존의 독서 방식과 동일합니다.



*getting에서 t를 발음할 때는 혀끝을 입천장의 윗부분을 차면서 [게링]처럼 부드럽게 발음해 보세요.
*hold it은 hold의 d와 it의 i가 연음되어 [홀딧]처럼 한 단어로 들립니다.

If we think about using that device for a student, as it comes down over the *next five years to be only a few hundred dollars, and they'll be able to use that instead of buying textbooks, they'll get digital curriculum that's superior in every way. That can be personalized, that can have video, can have interaction. The wireless Internet showing up on that tablet gives that student a chance to navigate the world of information in a very rich way. If we think about the device in our pocket, obviously it started off as a pure-voice device. But now, with camera-like capability, starting to show maps, bringing us our mail, our schedule, becoming our digital wallet, storing all of our media, music and even videos that we want to *take around. That device is getting amazingly powerful. In fact, it has the power that even a PC only had a few years ago.

### Check the Sentence

But now, with camera-like capability, starting to show maps, bringing us our mail, our schedule, becoming our digital wallet, storing all of our media, music and even videos that we want to take around.

하지만 이제, 카메라와 같은 능력을 가지고, 지도를 보여 주기 시작하며, 메일과 일정을 가져다주고, 디지털 지갑이 되고, 우리가 가지고 다니기 원하는 음악과 영상을 비롯한 모든 미디어를 저장할 수 있게 되었습니다.

➲ 우리가 쓰고 있는 스마트폰의 온갖 화려한 기능들을 여기서 다 언급해 주고 있네요. 이 문장을 잘 보면 별도의 주어와 동사가 없죠. 격식을 덜 갖춘 연설문과 같은 spoken text에서 이런 경우를 흔히 볼 수 있습니다.

학생이 이 기기를 이용한다고 생각해 보면, 향후 5년 동안 그 가격이 고작 몇 백 달러로 내려갈 것이므로, 학생들은 교과서를 사는 대신 이 기계를 사용하고, 모든 면에서 우월한 디지털 방식의 교과 과정을 받을 수도 있게 됩니다. 이것은 개인의 필요에 맞출 수 있고, 동영상을 포함할 수 있으며, 상호 작용이 가능하게 됩니다. 이런 태블릿에 나타나는 무선 인터넷은 학생에게 정보의 세상을 호화롭게 항해할 수 있는 기회를 주는 것입니다. 우리의 주머니에 있는 기기를 생각해 보면, 분명히 순수음성장치로 시작했습니다. 하지만 이제, 카메라와 같은 능력을 가지고, 지도를 보여 주기 시작하며, 메일과 일정을 가져다주고, 디지털 지갑이 되고, 우리가 가지고 다니기 원하는 음악과 영상을 비롯한 모든 미디어를 저장할 수 있게 되었습니다. 그 기기는 놀랍게도 더 강력해지고 있습니다. 사실, 이 기기는 몇 년 전에는 PC만이 가지고 있던 능력을 지니고 있습니다.



★next는 뒤쪽의 xt가 무성음입니다. 성대에 힘을 빼고 [스트]로 발음해 보세요.
★take around는 ke와 a에 연음 현상이 있습니다. [커라운드]처럼 한 단어처럼 읽어 보세요.

Now when we think about all these systems, there's always a concern of how complex they'll be, and we need a way of developing software that doesn't require so many *lines of code, where the pieces can stand alone and each be tested on a smaller basis and then brought together component by component. The approach for this is an industry standard around the web-service protocols and using XML data that we call service orientated architecture. And the fact that now the tools are allowing you to easily write these applications means that when you think of a piece of software, you don't just think about it being on one computer. An application that you run, might call out to a partner site to get shipping information or to get material availability. Yet it's just part of the application making the call, *even though it doesn't run on that machine, it's just as simple to write it and it goes out over the Internet and brings back that information.

**Check the Sentence**

And <u>the fact</u> that now <u>the tools are allowing you to easily write</u> these applications <u>means</u> that when you think of a piece of software, you don't just think about it being on one computer.
현재 개발 툴(tool) 덕분에 응용 프로그램을 쉽게 만들 수 있다는 사실은 여러분이 하나의 소프트웨어를 떠올릴 때, 단순히 컴퓨터 한 대에서 작동하는 것이라고 여기지 않음을 의미합니다.

➡ 이 문장의 주어는 the fact이고 동사는 means입니다. 그 사이의 that절은 the fact의 내용을 설명하는 동격의 that절이죠. 주어와 동사가 떨어져 있을 경우 동사의 수일치에 특별히 더 신경을 써야 합니다. the tools are allowing you to easily write는 〈allow + 목적어 + to + 동사〉 구조가 사용됐는데, '목적어가 ~하는 것을 가능하게 하다'라고 직역하지 않고, '주어 덕분에 목적어가 동사할 수 있다'라고 자연스럽게 해석하는 것이 더 좋습니다.

지금 이러한 모든 시스템들에 대해 생각해 보면, 이 시스템들이 얼마나 복잡해질 것인가에 대한 염려가 항상 있어 왔습니다. 또한 많은 코드가 필요하지 않고, 각 부분들이 독립적이며, 각각 더 소규모로 테스트되고, 그다음에 구성 성분별로 통합될 수 있는 소프트웨어를 개발해야 할 필요성을 느낍니다. 이를 위한 접근법은 웹서비스 프로토콜과 우리가 서비스 지향 아키텍처(SOA)라 부르는 XML 데이터의 사용에 관한 산업 표준입니다. 현재 개발 툴(tool) 덕분에 응용 프로그램을 쉽게 만들 수 있다는 사실은 여러분이 하나의 소프트웨어를 떠올릴 때, 단순히 컴퓨터 한 대에서 작동하는 것이라 여기지 않음을 의미합니다. 여러분이 실행시키는 응용 프로그램은 제휴 사이트에 요청해서 운송 정보를 얻을 수도 있고, 자재의 이용 가능성을 알아볼 수도 있습니다. 아직 이런 요청을 하는 것은 응용 프로그램의 일부이지만, 그 기기에서 실행되지 않는다 하더라도, 이런 응용 프로그램을 만드는 것은 그만큼이나 간단하고, 이 응용 프로그램은 인터넷에 접속해 해당 정보를 가져오게 됩니다.



*lines of code에서 of[오브]는 굉장히 약하게 발음합니다.
*even though에서 though[도우]는 윗니와 아랫니로 혀를 살짝 물고 있다가 혀를 입 안으로 당기면서 바람이 빠질 때 나오는 소리입니다.

The platform for software used to be primarily just about PCs, now that's expanded now we also have to talk about the information showing up in the mobile world as well. The large-screen device the PC, and that small-screen mobile device they have unique roles to play. You can't do something like a tax return or a large rich document on the small screen, and yet a small screen, in many cases, is *all you need, and all you have *with you, to be notified of a change.

## Check the Sentence

You can't do something like a tax return or a large rich document on the small screen, and yet a small screen, in many cases, is all you need, and all you have with you, <u>to be notified of a change</u>.

당신은 작은 화면에서 세금 환급이나 대용량 문서를 다루는 일은 할 수 없지만, 많은 경우에 이 작은 화면은 변화를 알기에 충분합니다.

➡ yet은 등위접속사의 한 종류로 '그렇지만, 그런데도'라는 뜻입니다. yet만 단독으로 쓰이거나, 본 문장에서처럼 and yet으로도 쓰입니다. to be notified of a change는 notify A of B(A에게 B를 알리다) 구문을 수동태로 사용한 것인데요, small screen이 우리에게 변화를 알려 준다고 말하고 있습니다.

주로 PC에서만 사용되어 왔던 소프트웨어에 대한 플랫폼
이 지금은 확장되었고, 우리는 모바일 세상이 보여 주고
있는 정보에 대해 이야기해 보아야 합니다. 큰 화면의 PC
와 작은 화면의 모바일 기기는 각각 고유의 역할이 있습니
다. 당신은 작은 화면에서 세금 환급이나 대용량 문서를
다루는 일은 할 수 없지만, 많은 경우에 이 작은 화면은 변
화를 알기에 충분합니다.



*all you need에서 all은 장음이므로 길게 발음해 보세요.
*with you는 마치 한 단어처럼 [위쥬]로 들립니다.

And so making those worlds work very well together, so documents can be exchanged. Even things like rights management, where you create a document and you say only certain people in the company should see it, that should extend out in a simple way to viewing those documents on the mobile phone. So, that's an increasingly important part of the platform. The platform has got to make it so things are user-centric as you move from device to device your information can show up automatically for you. Whether it's a Windows PC or a phone, *you're not doing by hand; transferring files around, figuring out how to get your calender onto the different things.

Even the boundary between your personal information and your work information, we should have that, but we should make it easy to navigate within one interface back and forth across that boundary in a way that is simple and yet preserves that distinction.

### Check the Sentence

<u>Whether</u> it's a Windows PC or a phone, you're not doing by hand; transferring files around, figuring out how to get your calender onto the different things.
그것이 윈도 PC든, 휴대폰이든, 손으로 직접 하는 것은 없습니다. 파일을 옮긴다든지, 다른 것들에 일정표를 적용하는 법을 이해한다든지 하는 것들 말입니다.

➡ whether는 '~이든 아니든'이란 뜻의 부사절을 이끄는 접속사입니다. 때로는 '~인지 아닌지'의 뜻으로 명사절을 이끄는 접속사가 되기도 해요. whether는 주로 whether A or B / whether A or not의 형태로 쓰이는데, 이 문장에서는 whether it's a Windows PC or a phone으로 쓰이고 있네요. 문장의 뒷부분에서 you're not doing 이하의 목적어는 ;(세미콜론) 뒤에 나오는 동명사 transferring과 figuring이라고 보면 되겠습니다.

그리고 이런 세계들이 다 같이 잘 작동되면 문서 교환이 가능해집니다. 심지어 저작권 관리와 같이, 여러분이 문서를 작성하고 회사의 특정 인물들만 봐야 한다고 말하는 경우, 이는 휴대폰으로 문서들을 볼 수 있는 간단한 방법으로 확대되어야 합니다. 이것이 플랫폼에서 점차 그 중요성이 증가하고 있는 부분입니다. 플랫폼은 사용자 중심으로 만들어져야 하므로, 여러분이 기기에서 기기로 옮길 때마다 여러분의 정보는 여러분에게 자동으로 나타나야 합니다. 그것이 윈도 PC든, 휴대폰이든, 손으로 직접 하는 것은 없습니다. 파일을 옮긴다든지, 다른 것들에 일정표를 적용하는 법을 이해한다든지 하는 것들 말입니다.

심지어 개인적 정보와 업무 정보 사이의 경계도, 있기는 있되 하나의 인터페이스 안에서 그리고 그 경계를 넘나들면서 항해하는 것을 용이하도록 만들어야 합니다. 단순하면서 경계를 지키는 방식으로 말이지요.



*you're not doing by hand에서는 손으로 하지 않는다는 것을 강조하기 위해 hand라는 단어가 강하게 표현되어 있습니다.

You see that today with other new investments we're making, software on the phone. In the last two years our software there has a reached critical mass and is now increasingly popular, *Windows Mobile. Software inside the car to *help you have your media and communications there. Some of the car manufacturers are taking what we've done actually building that in, and that will explode over the next five years. Taking TV and pushing it onto the Internet, we call that IPTV and we've got a number of big operators around Europe and the United States now taking the Internet and saying you can personalize TV and get at any content that you want, that's interesting to you, and have that be simple. Not just through a PC, but through a classic TV ten foot interface.

## Check the Sentence

In the last two years our software there has a reached <u>critical mass</u> and is now increasingly popular, Windows Mobile.
지난 2년간, 우리의 소프트웨어는 어떤 결과를 가져오는 데 필요한 양에 도달하였으며, 현재 점점 인기가 높아지고 있습니다. 윈도 모바일이죠.

➡ 크리티컬 매스(critical mass)란 '임계질량'을 뜻하는 물리학 용어로, 일반적으로 유효한 변화를 얻기 위해 필요한 수나 양을 말합니다. 이 문장에서는 소프트웨어 개발에 지속적으로 투자한 결과 그 성과와 영향력이 폭발적인 변화의 정점을 통과했다고 볼 수 있겠습니다. 우리 개인의 삶에도 critical mass에 도달하기까지 끊임없는 인내와 노력이 필요할 것 같네요. critical mass에 도달하기 전까지는 어떠한 변화도 보이지 않으니까요. critical mass 직전에 포기하지 않는 게 중요한 것 같습니다.

여러분은 저희 회사가 다른 분야와 함께 휴대폰 소프트웨어에 투자하고 있음을 알고 계실 겁니다. 지난 2년간, 우리의 소프트웨어는 어떤 결과를 가져오는 데 필요한 양에 도달하였으며, 현재 점점 인기가 높아지고 있습니다. 윈도 모바일이죠. 자동차 내부의 소프트웨어가 여러분이 그 안에서 미디어를 사용하거나 의사소통을 할 수 있도록 도와줍니다. 일부 자동차 제조업체들은 우리가 실제로 내장용으로 만든 것을 채택하고 있으며, 이는 향후 5년 동안 폭발적으로 증가할 것입니다. 텔레비전을 인터넷에 연결시킨 것을 우리는 IPTV라 부르는데, 유럽과 미국에 걸쳐 수많은 운영업체들이 인터넷을 이용하여 TV를 여러분의 개인적 필요에 맞출 수 있을뿐더러 여러분이 흥미로워하는, 여러분이 원하는 어떤 컨텐츠라도 간단하게 얻을 수 있다고 말합니다. 그냥 개인용 컴퓨터가 아니라, 예전의 텔레비전을 통해서 말이죠. 열 발자국 인터페이스라고 하죠.



★Windows Mobile에서 Mobile은 [모바일]보다 [모블]에 가깝게 소리 납니다.
★help you는 [헬퓨]처럼 p와 you를 함께 발음해 보세요.

We're very excited about the opportunities these things create, and so I think the payoff to all this is going to be to see how each of you *takes it and builds solutions — high value solutions — that are relevant to your business. And we're committed to help you do that, and look *forward to seeing where it can take you.



And we're committed to help you do that, and look forward to seeing where it can take you.
우리는 여러분이 이렇게 하도록 헌신적으로 도울 것이며, 여러분의 미래가 어떠할지 목격하기를 기대하고 있습니다.

be committed to ~ing / N은 '헌신적으로 ~하다, ~하는 데 전념하다'라는 뜻입니다. look forward to ~ing / N은 '~하기를 학수고대하다, 무척 기대하다'라는 표현입니다. 두 표현 모두 to가 전치사로서 뒤에 명사(동명사)가 나옵니다.

우리는 이러한 것들이 창출하는 기회들에 대해 아주 흥분
되며, 이를 통해 얻는 것은 여러분 개개인이 이것을 어떻
게 받아들이고 사업과 관련된 높은 가치의 해결책을 어떻
게 고안해 낼지를 아는 것이라 생각됩니다. 우리는 여러분
이 이렇게 하도록 헌신적으로 도울 것이며, 여러분의 미래
가 어떠할지 목격하기를 기대하고 있습니다.



*takes it[테익스잇]은 it을 약하게 발음하되 take와 붙여서 발음해 보세요.
*forward에서 f를 발음할 때는 윗니를 아랫입술의 경계선에 대고 입술을 밀어내면서 [프]하고
　말합니다. 이때 목청은 울리지 않습니다.

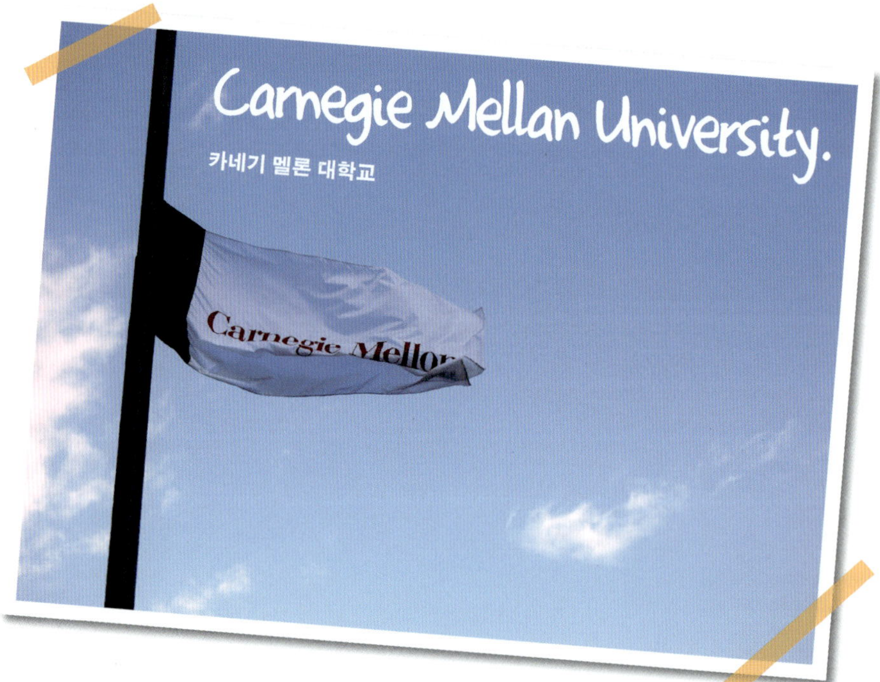


Carnegie Mellan University.
카네기 멜론 대학교
Carnegie Mello

# 03 Carnegie Mellan University 1

2008년 2월 21일에 카네기 멜론 대학교에서 있었던 빌 게이츠의 강연입니다. 빌 게이츠는 이 강연에서 소프트웨어와 혁신, 기업가 정신과 반환에 대해 이야기했습니다. 본문은 특히 소프트웨어에 대한 부분입니다.

Some of the changes are more qualitative than quantitative. The idea that we have high resolution, so that something like Virtual Earth can display a 3D model of the world, and you can walk down the street, point at a building, go in, see what's going on. If you want to buy books, it doesn't have to be a 2D format, it can be the bookstore that was created for you with books that you might find interesting because of what your friends are reading, or interests that you've shown in the past. So making 3D reasonable, the refresh rates, the richness, we're just at that threshold.

이러한 변화의 일부는 양적이라기보다 질적인 것입니다. Virtual Earth와 같은 프로그램이 세상을 3D 모델로 디스플레이하여, 여러분이 길을 따라가서 한 건물을 지정하고 안으로 들어가서 무슨 일이 일어나는지 보기 위하여 고해상도가 필요하다는 생각이 그렇습니다. 만일 책을 구입하고 싶다면, 2D 형식이 필요 없습니다. 친구가 읽고 있거나 과거에 여러분이 흥미를 보인 적이 있어 관심을 가질 만한 책들로 채워진, 여러분을 위한 서점이 생성될 수 있으니까요. 이렇게 재생 속도와 이미지의 풍성함, 3D를 합리적 가격으로 제공하는 데 있어서 우리는 겨우 출발선상에 있습니다.

# 03 Carnegie Mellan University 1

Let's talk about software. Why has it become so important, and how will that change? When Microsoft got started, software was not important. Computers were very few in number, and they were used by governments and large organizations. If anything, they were *sort of against empowerment. You were worried it was going to bill you the wrong amount, and you would staple the punch card, and try and *mess up the big machine. The idea that this would become the tool for creativity and collaboration, and communication, the best tool that we'd ever created, and that as we connected them together a whole new phenomena would develop around that, that wasn't obvious back in 1975.

## Check the Sentence

<u>If anything</u>, they were sort of against empowerment.
오히려, 컴퓨터는 일종의 권한 분배의 반대편에 있었습니다.

➡ if anything은 앞에서 말한 내용이라기보다는 오히려 그 반대가 사실임을 나타낼 때 쓰는 표현입니다. 이 문맥에서는 초기 컴퓨터가 수적으로 많지 않고 정보가 대형 기관에서만 주로 쓰일 때 오히려 인간에게는 컴퓨터가 역량을 강화하거나 권한을 더 부여해 주는 것이라기보다는 지배되고 걱정하게 하는 것이었음을 말하고 있습니다.

소프트웨어에 대하여 말해 봅시다. 소프트웨어가 왜 이렇게 중요해졌고, 또 앞으로 어떻게 변화할까요? 마이크로소프트사가 출발했을 때, 소프트웨어는 중요하지 않았습니다. 컴퓨터의 수는 적었고, 정부나 큰 단체에서만 사용했었죠. 오히려, 컴퓨터는 일종의 권한 분배의 반대편에 있었습니다. 사람들은 잘못된 금액이 청구될까 봐, 출퇴근 카드가 잘못 찍힐까 봐, 괜한 시도로 덩치 큰 기계를 망쳐 버릴까 봐 걱정했었죠. 이것이 창의와 협력, 그리고 소통의 도구이자 인간이 창조한 최고의 도구가 되고, 이 기계들을 연결하면 주변에 완전히 새로운 현상이 펼쳐지리라는 그런 생각은 1975년 당시엔 확실하지 않았습니다.



★sort of는 t와 o 사이에 연음 현상이 있습니다. [솟토브]처럼 한 단어로 들립니다.
★mess up은 [메썹]처럼 붙여서 읽어 보세요.

But Paul Allen and I thought, okay, we'll do software. We'll build a platform, and encourage other people to write software. Now, there was whole assumption there that we could get millions of machines out, because, after all, *if you want to make it economic to spend tens of millions developing software, and sell it for $100 or so, you've really got to get that base out there. But because we made that bet, and we got that going, it became a virtuous cycle. That is, as more machines would sell, it created the market for a broader range of software, and that further drove the market for the machines, and in fact that volume allowed the price of the machine to come down. And that's why from *1975 onward, that personal computer market actually not only became significant, it actually became the center of the entire computer industry.

**Check the Sentence**

But because we made that bet, and we <u>got that going</u>, it became a <u>virtuous cycle</u>.
하지만 우리는 그러한 확신을 가지고 일을 진행시켰고 이것은 선순환이 되었습니다.

⬛ get something going[moving]은 '~을 진행시키다'는 뜻의 숙어입니다. 그리고 virtuous cycle은 선순환, vicious circle은 악순환이라는 단어로 주로 재무구조나 생산시스템, 주식투자 등에 쓰이는 경제용어입니다.

하지만 폴 앨런과 저는 '그래, 소프트웨어에 관련된 일을
해 보자.'라고 생각했습니다. 우리가 플랫폼을 구축하고 다
른 사람들에게 소프트웨어를 만들게 하는 것이었습니다.
거기엔 우리가 수백만 대의 컴퓨터를 시장에 내놓을 수 있
다는 가정이 있었습니다. 왜냐하면, 결국 소프트웨어 개발
에 수천만 달러를 쓰고 100달러 정도에 판매하는 것에서
이득을 얻으려면 실제로 그 바탕을 만들어 둬야 하기 때문
이죠. 하지만 우리는 그러한 확신을 가지고 일을 진행시켰
고 이것은 선순환이 되었습니다. 즉, 더 많은 컴퓨터가 팔
릴수록, 더 광범위한 소프트웨어 시장을 만들어 냈고, 이
는 다시 기기 시장을 더 확장시켰고, 사실상 그 엄청난 수
량이 컴퓨터의 값을 내려가게 만들었습니다. 이것이 1975
년 이후로 개인용 컴퓨터 시장이 실질적으로 중요해지고
전체 컴퓨터 산업의 중심에 서게 된 이유입니다.



＊if you want to make it economic은 economic이 강조되어 다른 단어들보다 정확하고 크게 발
음되며, 다른 단어들은 [이퓨워나메킷]처럼 약하게 뭉쳐서 발음됩니다.
＊1975년도를 읽을 때 두 자리씩 끊어서 읽습니다. nineteen seventy five

The large machines we use today, and the big server farms, or corporate data servers, these are all based on the Windows PC architecture which, *because of its volume, has come down in price, and improved in performance very, very dramatically. And so we have a large *software industry.

Today, there's over a billion Windows personal computers in use. There's about two billion cell phones, 20 percent of which you could think of as a computing platform, but say in three or four years there will be about two billion of those that do have the capability to run software applications. We have software that's being used in the car. We have software that's being used in set-top boxes. So a wide variety of places where software is employed today.

## Check the Sentence

There's about two billion cell phones, <u>20 percent of which</u> you could think of as a computing platform, but say in three or four years there will be about two billion of those that do have the capability to run software applications.
대략적으로 휴대폰이 20억 대, 그중 20% 정도를 컴퓨팅 플랫폼으로 간주하면, 3, 4년 후엔 소프트웨어 애플리케이션을 가동할 능력을 가진 휴대폰의 수는 대략 20억이 될 것입니다.

➡ 이 문장은 크게 보면 가운데 but이라는 등위접속사가 두 개의 주절을 연결하고 있습니다. 그렇다면 20 percent of which ~ platform까지는 관계대명사 which가 연결하고 있는 관계대명사절(순차적 해석을 하는 계속적 용법의 구조)입니다. which는 선행사 two billion cell phones를 받는 것이고 그중 20퍼센트를 computing platform으로 생각한다는 구조입니다. 이런 식으로 〈부분을 나타내는 말(퍼센트, 분수, some, both, few 등) + of + 관계대명사의 목적격(which, whom)〉의 구조에 대해서 알아 두시면 좋습니다.

오늘날 사용되는 거대한 기계들과 거대 서버팜들, 즉 기업 데이터 서버들, 이 모두가 윈도 PC 아키텍처(시스템 구성)에 기반하고 있고, 이는 그 수량의 증가로 인해 가격은 낮아진 반면, 성능에서는 상당히 극적으로 발전되었습니다. 이렇게 해서 우리는 거대 소프트웨어 산업을 가지게 되었습니다.

오늘날, 10억 대가 넘는 윈도 PC가 사용되고 있습니다. 대략적으로 휴대폰이 20억 대, 그중 20% 정도를 컴퓨팅 플랫폼으로 간주하면, 3, 4년 후엔 소프트웨어 애플리케이션을 실행할 능력을 가진 휴대폰의 수는 대략 20억이 될 것입니다. 차에서 사용되는 소프트웨어도 있습니다. 셋톱 박스에 사용되는 소프트웨어도 있죠. 오늘날 많은 다양한 장소에서 소프트웨어가 사용됩니다.



*because of its volume은 앞부분의 because of its가 축약되어 [비커즈오브잇츠]로 붙여서 발음합니다. volume에 강세를 두고 강하게 읽습니다.
*software는 우리가 흔히 발음하는 [소프트웨어]라기보다 [사프트웨어]처럼 들립니다.

Now, why could we be so ambitious, and why has the personal computer taken on more and more activities? Part of it is the innovation in hardware. A key insight that got Paul and I going was that Moore's Law, the rule predicted by Gordon Moore, said that *we would have double the number of transistors every two years. And that meant that we could dream about almost arbitrary levels of computing power. In fact, Moore's Law looks like it will continue out into the future more than a decade, *but it won't give us the same clock speed scaling we've had in the past. So it's an interesting challenge of computer science in terms of making it easy to write programs that run across the multiple cores, because that's how we'll be using those extra transistors.

## Check the Sentence

So it's an interesting challenge of computer science <u>in terms of</u> making it easy to write programs that run across the multiple cores, because that's how we'll be using those extra transistors.
그래서 이것은 다중코어에서 운영되는 프로그램의 개발을 쉽게 한다는 점에서 컴퓨터 과학의 흥미로운 도전과제가 되는데, 이는 우리가 추가된 트랜지스터를 어떻게 사용할지에 관한 것이기 때문입니다.

➡ in terms of는 '~라는 점에서, ~에 관하여'로 해석되며 in relation to, with reference to 등과 비슷한 의미로 사용됩니다. 특정한 영역에 제한을 두고 '적어도 ~에 관해서는, ~에 대해서만큼은, ~한 면에서' A라는 statement가 성립된다고 말할 때 사용할 수 있습니다. 예를 들어, In terms of personality, she certainly doesn't fit this position. 이 문장은 다른 건 몰라도 적어도 성격 면에서 본다면, 그녀는 이 직업에 어울리지 않는다는 이야기입니다.

자, 우리는 어떻게 이런 야망을 품게 되었고, PC는 어떻게 점점 더 많은 일을 할 수 있었을까요? 부분적으로 하드웨어의 혁신에 기인합니다. 폴과 저를 채찍질했던 중요한 통찰은 고든 무어가 예측한 무어의 법칙인데, 이는 2년마다 트랜지스터의 수가 두 배가 된다는 것이었습니다. 그 의미는 거의 사용자가 원하는 수준의 처리능력을 꿈꿀 수 있다는 것이지요. 실제로, 무어의 법칙은 향후 10년 이상 계속될 것 같아 보이지만, 과거와 같은 컴퓨터 운영속도 조정은 없을 것입니다. 그래서 이것은 다중코어에서 운영되는 프로그램의 개발을 쉽게 한다는 점에서 컴퓨터 과학의 흥미로운 도전과제가 되는데, 이는 우리가 추가된 트랜지스터를 어떻게 사용할지에 관한 것이기 때문입니다.



*we would have double 대명사나 조동사는 뭉쳐서 들립니다. [위웃해브]로 발음하고 double을 강조해 보세요.
*but it won't give us의 경우 일반적으로 조동사는 강하게 읽지 않지만 not이 들어간 조동사는 강하게 읽습니다. 이 부분에서 won't를 강하게 읽어 보세요.

Some of the changes are more qualitative than quantitative. *The idea that we have high resolution, so that something like Virtual Earth can display a 3D model of the world, and you can walk down the street, point at a building, go in, see what's going on. *If you want to buy books, it doesn't have to be a 2D format, it can be the bookstore that was created for you with books that you might find interesting because of what your friends are reading, or interests that you've shown in the past. So making 3D reasonable, the refresh rates, the richness, we're just at that threshold.

**Check the Sentence**

So making 3D reasonable, the <u>refresh rates</u>, the richness, we're just <u>at that threshold</u>.
이렇게 재생 속도와 이미지의 풍성함, 3D를 합리적 가격으로 제공하는 데 있어서 우리는 겨우 출발선상에 있습니다.

➡ refresh rate는 '재생률'이라고 번역되는데, 시각 정보를 화면에 디스플레이하기 위해 전자총이 1초에 전자빔을 쏘는 횟수를 말합니다. threshold는 원래 '문지방, 문턱'이라는 단어인데 at[on] the threshold라고 하면 '~의 시초, 출발선상, 발달단계에 있다'는 뜻입니다. 앞으로 3D 모델을 여러 면에서 더욱 발전시킬 여지와 가능성이 있다는 거죠.

이러한 변화의 일부는 양적이라기보다 질적인 것입니다.
Virtual Earth와 같은 프로그램이 세상을 3D 모델로 디스
플레이하여, 여러분이 길을 따라가서 한 건물을 지정하고
안으로 들어가서 무슨 일이 일어나는지 보기 위하여 고해
상도가 필요하다는 생각이 그러합니다. 만일 책을 구입하
고 싶다면, 2D 형식이 필요 없습니다. 친구가 읽고 있거나
과거에 여러분이 흥미를 보인 적이 있어 관심을 가질 만한
책들로 채워진, 여러분을 위한 서점이 생성될 수 있으니까
요. 이렇게 재생 속도와 이미지의 풍성함, 3D를 합리적 가
격으로 제공하는 데 있어서 우리는 겨우 출발선상에 있습
니다.



*The idea / that we have high resolution, / so that something like Virtual Earth can display a
  3D model of the world, / and you can walk down the street /, pointing at a building, go in, /
  see what's going on. 절 단위 앞에서 끊어서 읽어 보세요.
*If you want to는 단어들이 연음되어 [이퓨워나]처럼 들립니다.

The idea of screen technology being inexpensive, *so that we can project onto the walls, and tables, and any surface that's out there in the home environment, and the office environment, there's breakthrough technology that will be in the marketplace in three or four years that will make that very possible. So whether it's your room and you want to have a theme, or the various business data in the office, all of that can be displayed. I think one of the greatest changes that will take place is the way that we interact with software. To date that's *overwhelmingly been through the keyboard and the mouse, the pointing device. And I'm not saying that the keyboard goes away, it's a very nice way when you've got your hands free, you've got the table to do it on, a nice way of particularly doing text oriented activity.



To date that's overwhelmingly been through the keyboard and the mouse, the pointing device.
현재까지 포인팅 장치로 키보드와 마우스가 압도적이었습니다.

➡ to date는 '지금까지, 현재까지'라는 뜻의 부사로 until now, up to now 등과 바꿔 쓸 수 있습니다. (과거부터) 현재에 이르는 상태나 현상에 대해서 이야기하는 만큼 동사의 시제는 현재완료(have / has + p.p)를 쓴다는 것에 주목할 필요가 있습니다.

집이나 사무실 환경에서 벽 그리고 테이블, 어떠한 사물의 표면에도 투사 가능하도록 하기 위해서 스크린 기술을 저렴하게 제공한다는 생각을 가능하게 해 줄 기술적 혁신이 3, 4년 후에 등장할 것입니다. 그래서 여러분이 방 안에서 어떤 과제를 하거나, 사무실에서 다양한 데이터를 원할 때면, 이 모든 것이 디스플레이될 것입니다. 앞으로 일어날 가장 멋진 변화는 우리가 소프트웨어와 상호 작용하는 방식입니다. 현재까지 포인팅 장치로 키보드와 마우스가 압도적이었습니다. 키보드가 이제 한물갔다고 말하는 것은 아닙니다. 당신이 손으로 해야 할 일이 없고, 작업할 테이블이 있고, 특히 텍스트 지향적인 활동을 할 때 키보드는 훌륭한 도구가 됩니다.



＊so that we can project onto the walls, / and tables,는 명사의 나열구조로, wall이나 tables에 강세를 두고 읽되 끝을 올려가며 읽어 주세요.

＊overwhelmingly[오버웰밍리]에서 h[ㅎ]는 소리가 나지 않습니다. h를 반자음이라고도 합니다.

But we're going to complement it with a variety of other interaction capabilities, and I broadly talk about the *use of natural user interface. Perhaps the most simple of these is just touch. You see it with the iPhone, you see it with a number of PCs out there, the idea of putting touch on the screen, and making that a way that you can interact with simple applications is very, very inexpensive. The next I'd highlight is the pen, this goes beyond touch in terms of the resolution and capabilities. Here you can take your notes in a meeting or in a class. You can look at an article, annotate it, say what friend you'd like to send that note off to, very straight-forward, natural thing. And as we get the hardware form factor, this tablet form factor that's light *enough, and thin enough, and has the right price, and battery life, all the kind of reading and note-taking activity will naturally move to the digital realm.

### Check the Sentence

And <u>as</u> we get the hardware form factor, this tablet form factor that's light enough, and thin enough, and has the right price, and battery life, all the kind of reading and note-taking activity will naturally move to the digital <u>realm</u>.
하드웨어 폼팩터(form factor: 컴퓨터 하드웨어의 크기, 구성, 물리적 배열)가 있으므로, 이 태블릿 폼팩터는 충분히 가볍고, 얇고, 적절한 가격과 배터리 수명을 가지고 있고, 읽고 메모하는 모든 활동이 자연적으로 디지털 영역으로 옮겨 오게 됩니다.

➡ 문장 맨 앞의 접속사 as는 여러 가지 뜻이 있지만 이 문장에서는 '~하니까, ~하므로'의 뜻을 지닌 '이유'의 접속사로 볼 수 있습니다. 이유에 대한 결과를 나타내는 주절은 all the kind 이하의 절인데요. form factor의 여러 가지 장점들로 인해서 명실공히 모든 것이 디지털로 가능한 시대, digital realm을 살게 된다고 예측하고 있습니다. realm은 영역, 왕국이라는 뜻을 다 지니고 있는데, 두 가지 뜻 모두 digital realm에서는 의미가 통하는 것 같네요.

하지만, 다양한 다른 상호 작용 능력으로 이를 보완할 것입니다. 여기서 저는 자연적인 사용자 인터페이스의 사용에 관해 대략적으로 말하고자 합니다. 아마도 이 중에 가장 단순한 것은 바로 터치일 것입니다. 아이폰에서도 볼 수 있고, 시중의 수많은 PC에서도 볼 수 있습니다. 스크린에 터치 기능을 적용하고 단순한 애플리케이션과 상호 작용하는 방식을 만든다는 생각은 많은 돈이 들지 않습니다. 다음으로 강조하고자 하는 것은, 바로 펜입니다. 이것은 해상도와 성능 면에서 터치보다 뛰어납니다. 회의실이나 강의실에서 메모를 할 수 있지요. 기사를 보고 주석을 달기도 하고, 그것을 어떤 친구에게 보낼 수도 있습니다. 아주 간단하고, 자연스러운 일이죠. 하드웨어 폼팩터(form factor: 컴퓨터 하드웨어의 크기, 구성, 물리적 배열)가 있으므로, 이 태블릿 폼팩터는 충분히 가볍고, 얇고, 적절한 가격과 배터리 수명을 가지고 있고, 읽고 메모하는 모든 활동이 자연적으로 디지털 영역으로 옮겨 오게 됩니다.



＊use of의 of는 주로 앞에 나오는 단어나 혹은 뒤에 나오는 단어와 연음현상이 많이 발생합니다. 따라서 [유저브]로 말합니다.

＊enough에서 gh는 [f] 소리가 납니다. 윗니를 아랫입술의 경계선에 대고 바람을 내뿜는 소리를 단어의 끝 쪽에 발음해 주세요.

Gates and Hillman complex.
게이츠 앤 힐맨 컴플렉스

# 04 Carnegie Mellan University 2

2009년 9월 22일에 카네기 멜론 대학에서 있었던 빌 게이츠의 축사입니다. 이날은 게이츠와 힐맨 부부가 기부하여 지어진 게이츠 앤 힐맨 컴플렉스(Gates and Hillman Complex)의 헌정식이었습니다. 빌 게이츠는 교육의 중요성을 강조하면서 기술 혁신이 교육 환경을 어떻게 발전시키는지에 대해 이야기하고 있습니다. 또한 게이츠 재단의 지원을 통해 이러한 발전이 이루어지고 있음을 보여 주고 있습니다.

And we need to revolutionize education. Today, more than ever, if we look at the quality of education that most students in this country receive, it's very, very poor. The experience that you've had, before you came to CMU and of course here at CMU itself, is unfortunately the exception rather than the rule. And if we think of technology and all the things it's revolutionized, you know buying airplane tickets and looking at DNA data, I think that it's perhaps most amazing how little, so far, it's changed the practice of education itself. And yet in terms of empowering people to achieve their potential, not just in the United States but the world as a whole, having great teachers, having a great education, is one of the most critical things we need going forward.

그리고 우리는 교육 분야에 혁명을 일으킬 필요가 있습니다. 오늘날, 그 어느 때보다 더, 미국의 대부분의 학생들이 받는 교육의 질을 보면 매우 형편없습니다. 여러분이 카네기 멜론 대학교 입학 전이나 재학 중에 경험해 온 것은 유감스럽게도 규칙이라기보다는 예외였습니다. 그리고 비행기표를 사거나 DNA 데이터를 확인하는 것과 같이, 기술과 혁신된 모든 것들을 고려할 때, 여태껏 교육의 관행 그 자체에는 거의 변화가 없었다는 사실이 상당히 놀랍습니다. 하지만 인간의 잠재성을 발휘하도록 힘을 부여한다는 점에서, 미국뿐만 아니라 전 세계적으로 양질의 교사와 양질의 교육을 가지는 것은 우리가 앞으로 추구해야 할 가장 중요한 부분 중 하나입니다.

# 04 Carnegie Mellan University 2

There's also a strong connection between The Gates Foundation and CMU. One of those is that there are over a dozen Gates Millennium scholars here, and I had a chance to meet with them and talk about their great work earlier today. Another example is a project on learning. This is the Carnegie Mellon Open Learning Initiative. And I think this is an amazing and critical piece of work. The idea is to use online interactive material to adapt to the students, to see what the student is *confused with, so the student immediately knows what they are understanding and what they are not. So the teacher can see how they're doing, explaining complex concepts and dynamically adapt in classroom time to make sure the right things are covered. Also the course itself, by being online and measured, can be in a state of constant improvement. The idea of these *virtual labs and intelligent tutoring systems, I think, can really revolutionize education.

## Check the Sentence

The idea of these virtual labs and intelligent tutoring systems, <u>I think</u>, can really revolutionize education.
이러한 가상의 실험실과 지능적인 교습 시스템에 대한 아이디어가 교육에 혁명을 일으킬 수 있다고 생각합니다.

➡ 본인이 하고 싶은 말에 '내 생각에는, (적어도) 나는 그렇게 믿는다, 나는 확신한다' 등등의 의견을 덧붙이고 싶을 때는 이 문장처럼 문장 사이에 I think / I believe / I'm sure / I bet 등을 삽입할 수 있습니다.

게이츠 재단과 카네기 멜론 대학교(CMU) 사이에는 강한 연결고리가 있습니다. 그중 하나는, 여기 있는 열두 명이 넘는 게이츠 밀레니엄 장학생들입니다. 오늘 아침 저는 그들을 만나 그들의 훌륭한 활동에 대해 이야기 나눌 기회를 가졌지요. 또 다른 예로는, 학습에 관한 프로젝트가 있습니다. 이것이 바로 카네기 멜론 공개 자기주도학습입니다. 저는 이것이 놀랍고 중대한 업적이라고 생각합니다. 이 아이디어는 온라인상의 쌍방향의 교재를 학생들에게 적용하여, 학생들이 무엇을 헷갈리는지 판단하는 것으로, 그 결과로 학생들은 자신이 무엇을 이해하고 무엇을 이해하지 못하는지를 즉시 알 수 있습니다. 또한 교사는 학생들이 어떻게 하고 있는지, 복잡한 개념을 어떻게 설명하고 있는지 알 수 있고, 적합한 소재가 다루어지는지 확인하여 수업 시간에 역동적으로 적용할 수 있습니다. 또한 교과과정 자체가 온라인화되고 측정 가능해지면서, 지속적인 교과 과정의 향상이 가능합니다. 이러한 가상의 실험실과 지능적인 교습 시스템에 대한 아이디어가 교육에 혁명을 일으킬 수 있다고 생각합니다.

**Speak It Out**

*confused의 첫 소리로 나온 c는 일반적으로 k보다 목구멍을 크게 열고 소리를 냅니다. 턱을 아래로 많이 내려서 입 안 깊숙한 곳에서부터 소리가 나도록 해 보세요.
*virtual의 끝소리 l은 혀끝을 앞니 뒤에 가볍게 대거나 또는 닿는 순간에 소리를 냅니다. 그래서 l 소리가 많이 약화됩니다.

And we need to revolutionize education. Today, more than ever, if we look at the quality of education that most students in this country receive, it's very, very *poor. The experience that you've had, before you came to CMU and of course here at CMU itself, is unfortunately the exception rather than the rule. And if we think of technology and all the things it's revolutionized, you know buying airplane tickets and looking at DNA data, I think that it's perhaps most amazing how little, so far, it's changed the practice of education itself. And yet in terms of empowering people to achieve their potential, not just in the *United States but the world as a whole, having great teachers, having a great education, is one of the most critical things we need going forward.

**Check the Sentence**

And <u>if we think of</u> technology and all the things it's revolutionized, you know buying airplane tickets and looking at DNA data, I think that it's perhaps most amazing how little, so far, it's changed the practice of education itself.
그리고 비행기표를 사거나 DNA 데이터를 확인하는 것과 같이, 기술과 혁신된 모든 것들을 고려할 때, 여태껏 교육의 관행 그 자체에는 거의 변화가 없었다는 사실이 상당히 놀랍습니다.

➡ 이 문장을 포함하여, 이 책 전반에 걸친 연설문 여기저기서 if we think of(about) N / if we look at N과 같은 표현이 자주 쓰인 것을 볼 수 있을 겁니다. 직역을 하면 '우리가 ~에 대해 생각한다면, 본다면, ~에 대해 말할 것 같으면'인데, 연설문이나 발표에서 화자가 뒤이어 바로 하고 싶은 주제에 청자들의 관심을 환기하고 시작하는 기능을 합니다. 이 문장에서는 이렇게 혁신적으로 발달한 기술에 비해 교육은 그렇지 못했다는 것을 강조하는 기능을 하고 있습니다.

110

그리고 우리는 교육 분야에 혁명을 일으킬 필요가 있습니다. 오늘날, 그 어느 때보다 더, 미국의 대부분의 학생들이 받는 교육의 질을 보면 매우 형편없습니다. 여러분이 카네기 멜론 대학교 입학 전이나 재학 중에 경험해 온 것은 유감스럽게도 규칙이라기보다는 예외였습니다. 그리고 비행 기표를 사거나 DNA 데이터를 확인하는 것과 같이, 기술과 혁신된 모든 것들을 고려할 때, 여태껏 교육의 관행 그 자체에는 거의 변화가 없었다는 사실이 상당히 놀랍습니다. 하지만 인간의 잠재성을 발휘하도록 힘을 부여한다는 점에서, 미국뿐만 아니라 전 세계적으로 양질의 교사와 양질의 교육을 가지는 것은 우리가 앞으로 추구해야 할 가장 중요한 부분 중 하나입니다.

**Speak It Out**

*poor에서 p는 우리말의 [프]보다 입술을 안으로 더 말아 넣고 공기를 내뱉으며 소리를 내어 봅니다. 이때 성대는 울리지 않습니다.

*United는 [이유] 하는 식으로 홀소리에서 복모음을 만들어 나가는 식으로 발음하는 연습을 해야 미국인들의 발음에 빨리 익숙해질 수 있습니다. [(이)유나이티드]

And so I believe that by taking the work being *done here, bringing it together with videos of the great professors, bringing it together with lots of data that can analyse what's going on in different schools systems, making it freely available out on the Internet for constant improvement, I believe that *education can be radically improved. And so any student that wants to learn something, either in a classroom type environment or a purely online environment, that should be possible. And so it's great to see the ambition taking place in this particular project that the foundation is helping to fund. Right now there are 40 community colleges that are partnered with that project that are actually putting these courses to work and making their contributions to making them better.



And so I believe that <u>by taking</u> the work being done here, <u>bringing</u> it together with videos of the great professors, <u>bringing</u> it together with lots of data that can analyse what's going on in different schools systems, <u>making</u> it freely available out on the internet for constant improvement, I believe that education can be radically improved.

그래서 저는 이곳에서 그 과업을 진행하며, 여기에 훌륭한 교수님들의 영상강의를 결합하고, 서로 다른 학교 체계에서 현황을 분석한 많은 자료를 통합하고, 지속적인 학습 발전을 위해 이를 인터넷상에서 자유롭게 이용할 수 있도록 함으로써, 교육을 급진적으로 개선할 수 있다고 생각합니다.

➡ by -ing는 '~함으로써'란 뜻으로 어떤 일이 일어나게 하는 수단과 방법을 나타낼 때 쓰는 표현입니다. 이 문장에는 by taking, (by) bringing, (by) bringing, (by) making까지 교육 시스템을 급진적으로 개선할 수 있는 네 개의 수단이 열거되어 있네요.

그래서 저는 이곳에서 그 과업을 진행하며, 여기에 훌륭한 교수님들의 영상강의를 결합하고, 서로 다른 학교 체계에서 현황을 분석한 많은 자료를 통합하고, 지속적인 학습 발전을 위해 이를 인터넷상에서 자유롭게 이용할 수 있도록 함으로써 교육을 급진적으로 개선할 수 있다고 생각합니다. 그래서 무언가를 배우고자 하는 학생이 있다면, 교실에서나 완전한 온라인 환경에서나, 그것이 가능해야 하는 것이죠. 우리 재단이 자금을 지원하고 있는 프로젝트를 통해 이러한 야망이 현실화되는 것을 보는 것은 참으로 멋진 일입니다. 현재, 40개의 지역 전문대학들이 파트너로서 이 프로젝트에 참여하여, 실제 이러한 학과 과정을 운영하고 개선하는 데 기여하고 있습니다.

Speak It Out

*done에서 d 소리는 혀끝을 입천장의 돌출된 부분에 대고 내는 소리이며 성대가 울립니다. 혀가 입의 앞부분이 아니라 중간 부분에 닿습니다.
*education에서 e 발음은 우리가 '~에게'라고 할 때처럼 힘 있게 [에]라고 말하면 됩니다.

And we can look into the *future and expect that our cell-phone, we'll be able to talk to it, you know ask it questions, tell it to schedule something, that's *going to be common sense. And that, I'd say, is on a near term horizon, perhaps in five years. Certainly Microsoft, Google, many others are putting that out for various narrow applications today and there's every reason to expect that that'll get even broader. So in the midst of an incredible transformation, where computer science including the work here, is sitting in a central role. Maybe you think about "What's biology about?", well a lot of it is about analyzing DNA and protein expression, and finding patterns that only a rich software approach will make possible.

### Check the Sentence

And we can look into the future and expect that <u>our cell-phone, we'll be able to</u> talk to it, <u>you know</u> ask it questions, tell it to schedule something,
미래를 바라보면, 우리는 휴대전화에 대고 이야기하고, 질문하고, 일정을 잡으라고 지시하는 것이 가능하리라 예상할 수 있습니다.

➡ 이 문장을 보면, 빌 게이츠가 연설문을 써서 읽는 부분이 아니고, 그만큼 즉흥적이고 격의 없게 말하는 상황이라, 주어를 찾고, 동사를 찾고 문장을 문법적으로 분석하는 것은 큰 의미가 없다는 것을 알 수 있습니다. 미래의 휴대전화에게 우리가 기대할 수 있는 것을 이야기하면서 our cell-phone으로 시작을 하긴 했지만 we'll be able to ~로 새롭게 문장을 시작합니다. you know라는 삽입구가 들어간 것도 그렇고요. 자연스러운 화법을 구사하는 장치라고 보면 되겠습니다.

미래를 바라보면, 우리는 휴대전화에 대고 이야기하고, 질문하고, 일정을 잡으라고 지시하는 것이 가능하리라 예상할 수 있습니다. 이러한 것들이 상식적인 일이 될 것입니다. 그리고 제 생각에 이것은 단기간 내에, 아마도 5년 후면 가능할 것입니다. 분명 마이크로소프트, 구글, 그리고 많은 다른 회사들이 좁은 범위의 응용 프로그램을 다양하게 내놓고 있으며, 앞으로 그 범위가 더 넓어질 것이라 믿는 충분한 이유가 있습니다. 그러므로 이 믿을 수 없는 변화의 한가운데에, 이곳에서의 과업을 포함한 컴퓨터 과학이 그 중심적인 역할을 하고 있습니다. 만약 여러분이 '생물학이란 무엇인가?'라고 생각해 보면, 그것의 많은 부분이 DNA와 단백질 발현의 분석과 풍부한 소프트웨어적 접근법으로만 가능한 패턴의 발견에 관한 것일 겁니다.



*future를 발음할 때는 윗니를 아랫입술이 만들어지는 경계선, 즉 안쪽 입술의 시작과 입속의 끝 지점 피부 경계선에 윗니를 살짝만 얹어 주세요. 그리고 바람을 후욱~ 하고 내뿜어 보세요.
*going은 턱을 아래로, 즉 목 쪽으로 향하고 목구멍에서 소리를 끌어올려 목 안을 넓게 하여 [고잉]이라고 말합니다.

When we think about learning, computer science is at the center of that, when we think about modelling new materials, when we think about making new vaccines, *all of those things, the software element is stronger than before. Eventually with this genomic data we will be able to solve very tough *medical problems. Also if we look at a top problem like energy, and I spent yesterday in Washington DC at the Department of Energy, trying to understand the complex politics of various things like the Cap and Trade Bill.

**Check the Sentence**

<u>Eventually</u> with this genomic data we will be able to solve very tough medical problems.
결국 이러한 유전체에 관한 자료로 상당히 어려운 의학적 문제도 해결할 수 있을 것입니다.

eventually는 '결국, 마지막에는, 결론적으로'의 뜻을 가지고 있습니다. finally, ultimately, in the end 등과 바꾸어 쓸 수 있어요.

학습에 대해 생각해 보면, 컴퓨터 과학이 그 중심에 있습니다. 신소재의 모형을 만들 때나, 새로운 백신을 만드는 경우를 생각해 보면, 이러한 모든 것들의 소프트웨어적 요소들이 이전보다 강해졌습니다. 결국 이러한 유전체에 관한 자료로 상당히 어려운 의학적 문제도 해결할 수 있을 것입니다. 또한 에너지 문제와 같은 어려운 문제를 들여다본다면, 저는 어제 워싱턴의 에너지부에서 탄소총량제한과 거래제 법안과 같이 다양한 사안이 복잡하게 얽힌 정책들을 이해하려 시간을 보냈었습니다.



*all of those things에서 all은 l 사운드가 두 개 있으므로 길고 강하게 읽습니다.
*medical의 m은 입술을 약간 말아 넣고 [음]하면서 소리를 냅니다. [(음)메디컬]

But in fact if you zoom out and think "How can we have it all?" "How can we have developing nations experience the kinds of lifestyles we're used to?" "How have our lifestyles advanced?" The fact is it's innovation, innovation in material science, for solar thermal, for solar-*photovoltaic, modelling approaches for new nuclear designs that will be radically different to avoid some of those problems. And again, we come back to computer science and some of the very advanced work going on. It is very possible, and I'm optimistic to say it's likely, that over the next two decades, we'll get energy approaches that not just meet an environmental constraint, not putting out greenhouse gases, but also that meets the constraint of being less expensive. Because the only way to help the poorest is to bring the cost of energy down from what it is today. That's transport, that's fertilizer, that's clean water. It's the empowerment, for them, to live the lifestyles we *take for granted.

**Check the Sentence**

It is <u>very possible</u>, and I'm <u>optimistic</u> to say it's <u>likely</u>, that over the next two decades, we'll get energy approaches that <u>not just</u> meet an environmental constraint, not putting out greenhouse gases, <u>but also</u> that meets the constraint of being less expensive.
가능성이 높고, 제가 희망적으로 말할 수 있는 것은 향후 20년에 걸쳐 우리가 온실가스를 배출하지 않아 환경적 제약을 충족하는 데 그치지 않고 더 저렴한 비용으로 그러한 제약을 충족할 수 있는 에너지 접근법을 갖게 될 것이라는 사실입니다.

➡ 문장 첫 줄의 that 이하 내용의 가능성이 높다는 것을 very possible, optimistic, likely 등의 단어로 강조하고 있습니다. 그리고 not just[only] ~ but also의 구조를 사용해서 에너지 접근법이 환경적 제약뿐만 아니라 경제적 제약까지도 충족할 수 있을 거라고 말하고 있네요.

하지만 실상 한 걸음 물러나서 "어떻게 우리가 모두 다 가질 수 있지?" "어떻게 하면 개발도상국들에게 우리가 익숙한 생활양식을 경험할 수 있게 할 수 있나?" "우리의 생활양식은 어떻게 발전되어 왔는가?"를 생각해 본다면, 진실은 바로 혁신에 있습니다. 태양열과 태양광 발전에 있어 재료 과학의 혁신, 그리고 새로운 핵설계에 대한 모형적 접근법이 근본적으로 달라져서 문제들을 피할 수 있게 될 것입니다. 그리고 다시 상당히 진보된 작업이 이루어지고 있는 컴퓨터 과학으로 돌아옵니다. 가능성이 높고 제가 희망적으로 말할 수 있는 것은, 향후 20년에 걸쳐 우리가 온실가스를 배출하지 않아 환경적 제약을 충족하는 데 그치지 않고 더 저렴한 비용으로 그러한 제약을 충족할 수 있는 에너지 접근법을 갖게 될 것이라는 사실입니다. 왜냐하면 극빈층을 돕는 유일한 방법은 현재의 에너지 가격을 낮춰 주는 것이기 때문입니다. 그것은 운송수단이고, 비료이며, 깨끗한 물이 됩니다. 우리가 당연시하는 생활방식을 누리도록 권한을 부여하는 것입니다.



*photovoltaic를 보면 ph는 [f]로 발음되는 경우가 많습니다. 윗니를 아랫입술의 중간 부분에 두고 바람을 내며 발음해 보세요.

*take for granted는 '~을 당연하게 여기다'라는 뜻입니다. [테익포그랜티드]로 한 단어처럼 읽어 보세요.

Touch screen.
터치 스크린
touch
a shop below to begin

# 05 Bill Gates Demonstrates Touch Wall

2008년 5월 14일에 있었던 마이크로소프트 최고경영자 회의에서 있었던 키노트입니다. 이날 빌 게이츠는 터치 기반의 화이트보드를 선보였습니다. 그리고 이 새로운 하드웨어 기술인 터치월을 시연하였습니다.

I can even take and say if I want to ink on here, I just touch that, and say I want to circle this, say that's something important, and then when I go back to the presentation mode, as I zoom in and out, that's there just exactly like you'd expect. I can also let's say we have a bunch of slides and we're working together, figuring out how we want to order those in order to make the presentation to a customer, I can go in and anything I point to, it will let me just move that and organize these things. So, whether that's a piece of work information that I want to do something with or a photo album, something like that, as soon as I've made those changes, those are just there.

심지어, 만약 이 위에 잉크를 칠하고 싶으면, 이 부분을 터치하여 설정하기만 하면 됩니다. 여기 동그라미 치고 싶다면, 중요한 부분이란 의미지요. 그러고 나서 프레젠테이션 모드로 돌아가서, 줌인하고 줌아웃해도 여러분이 설정한 효과가 그대로 나타납니다. 또한, 여기 슬라이드 한 묶음을 가지고 고객에게 프레젠테이션을 하기 위해 이것들을 어떻게 조직할지 생각하면서 공동으로 작업한다고 해 보죠. 이렇게 들여다보고 뭐든지 가리키기만 하면, 이렇게 이동이 가능해서 이것들을 조직화할 수 있습니다. 이렇게 작업하고자 하는 어떤 업무 관련 정보든지, 사진 앨범이든지, 변화를 주는 그 순간 그대로 눈앞에 나타납니다.

## 05 Bill Gates Demonstrates Touch Wall

Our view is that all the surfaces, horizontal surfaces, vertical surfaces, will eventually have an inexpensive screen display capability, and software that sees what you're doing there, so it's completely interactive. Well, I always like to show something that's new, because that's *kind of risky and exciting, and so what I thought I'd show is this future white-board, the intelligent white-board. So far, this display here has just had the nice meeting logo, but, in fact, it's running a new piece of software. It's got some scanning cameras down here at the bottom, so whenever I go up to it and say just touch it, the software will notice that. There we go. Makes me a little worried but —



<u>It's got</u> some scanning cameras down here at the bottom, so <u>whenever</u> I go up to it and say just touch it, the software will notice that.
여기 아래쪽에 스캐닝 카메라가 있어서, 그 위에서 터치하기만 하면, 이 소프트웨어는 이것을 감지하죠.

➡ It's got(It has got)은 구어체에서 it has의 의미로 아주 자주 쓰입니다. 마찬가지로 I have의 의미로 I've got이라고도 할 수 있죠. whenever는 '~할 때마다'라는 뜻의 접속사로 everytime으로 바꿔 쓸 수도 있습니다.

# 05 빌 게이츠가 터치월을 시연하다

수평적이든, 수직적이든 모든 표면에 결국에는 비싸지 않은 스크린 디스플레이 능력과 여러분이 하고 있는 것을 감지하는 소프트웨어가 적용되어 완벽하게 상호 작용할 것이라는 게 우리의 의견입니다. 저는 항상 뭔가 새로운 것을 보여 주고자 하였습니다. 왜냐하면 그것이 어느 정도 위험하지만 흥미롭기 때문이죠. 그래서 제가 보여 드리고자 한 것은 바로 이 미래형 화이트보드, 지능형 화이트보드입니다. 이 디스플레이 화면에 이제 막 회의 로고가 떴네요. 하지만 실은, 여기 새로운 소프트웨어가 실행되고 있는 것입니다. 여기 아래쪽에 스캐닝 카메라가 있어서, 그 위에서 터치하기만 하면, 이 소프트웨어는 이것을 감지하죠. 자 이렇게요. 약간 걱정되긴 하네요.



*kind of는 마치 한 단어처럼 [카인다브]로 들립니다.

So, in fact, this piece of software has all sorts of information behind it. And typically when we think about information now it's very linear. A PowerPoint presentation is slide by slide, and if something happens during the presentation, you want to skip around, that's hard to do. Here we've got things *laid out in this nice two-dimensional form. So, I can zoom in on anything, I can move around. I've got different types of information that I'm using here. And it's all just easy to navigate to, because at any time I can look at different things.

**Check the Sentence**

Here we've got things <u>laid out</u> in this nice two-dimensional form.
여기 2차원 형식으로 펼쳐져 있는 멋진 화면을 보십시오.

앞서 정보가 linear(1차적, 직선 모양의)하게 배열된 것에 반해 2차원적으로 laid out(펼쳐져 있는) 화이트보드의 특징에 대해 이야기하고 있습니다. laid는 lay(~을 펼치다, 놓아두다)의 과거분사로 명사 things를 수식하고 있는 구조입니다.

자, 실제로 이 소프트웨어는 그 뒤에 많은 정보를 가지고 있습니다. 전형적으로, 정보에 대해 생각해 보면, 그것은 상당히 1차적인 것이죠. 파워포인트 프레젠테이션은 슬라이드가 차례대로 나열됩니다. 그래서 프레젠테이션 도중에 무슨 일이 일어나면 건너뛰고 싶어도 그러기 어렵습니다. 여기 2차원 형식으로 펼쳐져 있는 멋진 화면을 보십시오. 어떤 것이라도 확대해서 들여다볼 수 있고, 다른 정보로 이동할 수도 있습니다. 여기에서 서로 다른 종류의 정보를 다루고 있습니다. 게다가 자료 사이를 돌아다니기도 아주 쉽습니다. 언제라도 다른 자료들을 볼 수 있으니까요.

**Speak It Out**

*laid out은 [레다웃]처럼 첫 단어의 d와 뒷 단어의 첫 소리인 o가 연음됩니다.

Here I can point, I've got an actual document. This is a Word document. So, I can go and step through this page by page, see different things. If something is interesting, I can blow that up or I can just go back to where I was. I can have a PowerPoint presentation. There, too, it's easy to step through different things. But, of course, I don't have to do this in this one-dimensional form, I can have things laid out on this surface. *I could have my sales data. I talked about being able to look by region and product. Well, that kind of pivot navigation is also kind of a natural thing to be able to do. Any type of diagram or flowchart, you know, you can go in and look at these things in a very detailed way.

**Check the Sentence**

I talked about being able to look <u>by</u> region and product.
지역별 또는 상품별로 볼 수 있다고 얘기했었죠.

➡ 전치사 by는 우리가 흔히 '~로써(수단)'나 '~에 의해서(수동태에서 행위자)'를 의미하는 전치사로 알고 있는데 이 문장에서처럼 '단위'를 나타내기도 합니다. They're paid by the hour.라고 하면 시간 단위로 급여를 받는다는 뜻입니다.

여기 이것을 가리켜 보겠습니다. 실제 문서입니다. 워드 문서죠. 이 페이지로 들어가서 페이지별로 차근차근 넘기면서 다른 것들을 볼 수 있습니다. 뭔가 흥미로운 게 있다면, 확대할 수 있고, 아니면 이전으로 돌아갈 수도 있습니다. 파워포인트 프레젠테이션도 할 수 있죠. 여기서도 마찬가지로 다른 곳으로 옮겨 다니기 쉽습니다. 물론, 1차원 형식에서 이렇게 할 필요 없이 이렇게 화면에 모두 다 나타나게 할 수도 있습니다. 여기 영업 자료도 볼 수 있습니다. 지역별 또는 상품별로 볼 수 있다고 얘기했었죠. 그런 축 중심의 탐색 기능 역시 이를 위해서는 당연한 것이죠. 어떤 유형의 도표나 흐름도에 들어가도 이 자료들을 상세하게 볼 수 있습니다.



*I could have my sales data에서 대명사나 조동사는 기능어로, 강하게 읽지 않습니다. 즉 sales 라는 단어만 강하게 읽는 게 확연히 두드러집니다.

Of course, this document, I could take it and *edit it on my PC, as well as looking at it here. One nice thing about this form is that if multiple of us are working together, *let's say we've got this flowchart here, and we're talking about the different steps, we can all walk up and interact with the information that's here. It's fully multimedia. So, if I go across I think somewhere here I've got this is actually a video. So, as soon as I play that, we're looking at, say, our new ad, our promotion thing talking about that. It happens to be for the touch capability. So, all the different types of information.

**Check the Sentence**

One nice thing about this form is that if multiple of us are working together, <u>let's say</u> we've got this flowchart here, and we're talking about the different steps, we can all walk up and interact with the information that's here.
이러한 형식의 한 가지 좋은 점은 여러 명이 동시에 작업하는 경우, 예를 들어 이런 흐름도를 놓고 서로 다른 단계에 대해서 논의한다 치면, 모두들 여기에 들어와서 관련 정보에 대해 소통할 수 있다는 것입니다.

➡ 강의와 같은 구어체 담화에서 자주 들어볼 수 있는 표현이 let's say입니다. 말하는 중간에, 즉흥적으로 '~라고 가정해 봅시다, ~라고 칩시다'라며 예를 들고 싶을 때 쓰는 표현입니다.

물론, 이 문서를 여기에서 보는 것뿐만 아니라, 제 PC로 옮겨서 편집할 수도 있습니다. 이러한 형식의 한 가지 좋은 점은 여러 명이 동시에 작업하는 경우, 예를 들어 이런 흐름도를 놓고 서로 다른 단계에 대해서 논의한다 치면, 모두들 여기에 들어와서 관련 정보에 대해 소통할 수 있다는 것입니다. 완전한 멀티미디어 체제인 거죠. 그래서, 제가 쭉 훑어보다가 여기쯤에서 동영상 하나를 열어 봅니다. 자, 이것을 실행시키자마자, 여기, 우리의 새로운 광고, 판촉물이 보이고 이에 대해 논의합니다. 터치의 능력으로 가능한 것입니다. 그래서 모든 다른 유형의 정보도 가능하게 된 거죠.



*edit it on은 [에딧온]처럼 뭉쳐서 발음됩니다.

*let's say we've got this flowchart here.와 같은 구조의 문장에서 주로 강조되는 것은 명사나 동사입니다. 즉 이 문장에서 강조되는 것은 flowchart라는 명사입니다. 다른 단어들은 약하게 발음됩니다.

I can even take and say if I *want to ink on here, I just touch that, and say I want to circle this, say that's something important, and then when I go back to the presentation mode, as I *zoom in and out, that's there just exactly like you'd expect. I can also let's say we have a bunch of slides and we're working together, figuring out how we want to order those in order to make the presentation to a customer, I can go in and anything I point to, it will let me just move that and organize these things. So, whether that's a piece of work information that I want to do something with or a photo album, something like that, as soon as I've made those changes, those are just there.

---

**Check the Sentence**

<u>as soon as I've made</u> those changes, those are just there.
변화를 주는 그 순간 그대로 눈앞에 나타납니다.

➡ 시간의 부사절에서는 동사의 현재시제가 미래를 대신한다고 한 번쯤은 다 배웠을 텐데요. 이 문장에서처럼 현재완료(have made)를 쓰는 것도 틀린 건 아닙니다. 동작의 완료, 완성(completion)을 강조하는 경우에는 as soon as나 when과 같은 시간의 부사절 속에서도 현재완료를 사용할 수 있어요.

심지어, 만약 이 위에 잉크를 칠하고 싶으면, 이 부분을 터치하여 설정하기만 하면 됩니다. 여기 동그라미 치고 싶다면, 중요한 부분이란 의미지요. 그리고 나서 프레젠테이션 모드로 돌아가서, 줌인하고 줌아웃해도 여러분이 설정한 효과가 그대로 나타납니다. 또한, 여기 슬라이드 한 묶음을 가지고 고객에게 프레젠테이션을 하기 위해 이것들을 어떻게 조직할지 생각하면서 공동으로 작업한다고 해보죠. 이렇게 들여다보고 뭐든지 가리키기만 하면, 이렇게 이동이 가능해서 이것들을 조직화할 수 있습니다. 이렇게 작업하고자 하는 어떤 업무 관련 정보든지, 사진 앨범이든지, 변화를 주는 그 순간 그대로 눈앞에 나타납니다.



*want to처럼 t가 연달아 나올 경우 [원-투]처럼 t를 한 번만 발음합니다.
*zoom[주움] 윗니와 아랫니의 간격을 좁게 두고 성대를 울려 봅니다. 혀는 중간에 떠 있는 상태에서 긴장이 됩니다.

So, you can see how you could train somebody to use this pretty quickly. They could work with a group, work with the information, and it's kind of a natural extension of office. *We can take spreadsheet, word processing, presentation data, and get it into here. And this kind of whiteboard with a little bit of hardware advance over the next couple of years will not be an expensive thing, and that's why we're saying that it will be absolutely pervasive, and people's ability to get at information and not want to see it on paper, want to just have it here where it's so much more interactive, will be dramatically changed.

## Check the Sentence

And this kind of whiteboard with a little bit of hardware advance over the next couple of years will not be an expensive thing, and that's why we're saying that it will be <u>absolutely</u> pervasive,
이런 유형의 화이트보드는 약간의 하드웨어의 발전에 힘입어 향후 몇 년에 걸쳐 가격이 낮아질 것이며, 바로 이것이 틀림없이 보급이 확산될 거라고 말할 수 있는 이유입니다.

여기에 쓰인 absolutely는 영어에서 '강조부사'라고 하며, 말하고자 하는 것(동사나 형용사, 혹은 다른 부사)의 뜻을 강조할 때 쓰는 부사입니다. 단순히 very라는 부사로 형용사를 수식할 수도 있었겠지만, '틀림없이, 분명히'라는 뜻으로 강조하고 싶었던 겁니다. 이 외에도 다음과 같은 강조부사들을 알아 두면 자연스럽고도 수준 높은 영어를 구사할 수 있습니다. (totally, completely, entirely, awfully, purely and simply, definitely, certainly, exactly, utterly 등)

그리고 이것을 사용하는 법을 누군가에게 가르쳐 주는 데 그리 오래 걸리지 않음을 알 수 있습니다. 그룹으로 작업할 수도 있고, 정보만을 다룰 수도 있습니다. 이것은 오피스의 자연스러운 연장이라 할 수 있습니다. 스프레드시트, 워드프로세싱, 프레젠테이션 데이터를 모두 여기로 통합할 수 있습니다. 이런 유형의 화이트보드는 약간의 하드웨어의 발전에 힘입어 향후 몇 년에 걸쳐 가격이 낮아질 것이며, 바로 이것이 틀림없이 보급이 확산될 거라고 말할 수 있는 이유입니다. 그리고 사람들이 정보를 얻을 수 있는 능력, 종이에 적힌 것이 아닌 여기 이렇게 훨씬 더 상호 작용적인 형태로 정보를 얻는 능력이 극도로 변화할 것이라 말할 수 있는 이유이기도 합니다.



*We can take spreadsheet, / word processing, / presentation data / 명사의 나열구조입니다 명사의 끝 부분을 올리고 마지막 명사에서 억양을 내려 읽어 보세요.

Annual Meeting 2008
World Economic Forum.
세계 경제 포럼
WORLD
ECONOMIC
FORUM

# 06 A New Approach to Capitalism in the 21st Century

매년 스위스의 다보스에서 열리는 세계 경제 포럼(World Economy Forum)은 세계 정 · 재계의 유력 인사들이 모여 정보를 교환하고 세계 경제에 대해 토론하는 회의입니다. 2008년에 열렸던 회의에서 빌 게이츠는 창조적 자본주의를 주장하면서 많은 관심을 집중시켰습니다. 창조적 자본주의는 한 마디로 기업의 사회적 책임을 강조한 것입니다. 빌 게이츠의 이러한 주장은 2000년대 이후 그가 자선사업에 힘을 기울이면서 보여 준 삶의 모습과 일치하여 많은 이들의 찬사를 받기도 했으나, 개인이 사회를 바꾸는 것은 한계가 있다는 의견에 부딪히기도 했습니다.

At the same time, profits are not always possible when business tries to serve the very poor. In such cases, there needs to be another incentive — and that incentive is recognition. Recognition enhances a company's reputation and appeals to customers; above all, it attracts good people to the organization. As such, recognition triggers a market-based reward for good behavior. In markets where profits are not possible, recognition is a proxy; where profits are possible, recognition can be an added incentive. The challenge here is to design a system where market incentives, including profits and recognition, drive those principles to do more for the poor.

동시에, 기업들이 극빈층을 위해 노력하더라도 항상 수익이 가능한 것은 아닙니다. 이런 경우에, 또 다른 장려 정책이 필요합니다. 그것은 바로 인정(認定)입니다. 인정은 회사의 평판을 높여주고 소비자들에게 호소력을 갖습니다. 무엇보다도, 좋은 사람들을 그 단체로 이끌어 줍니다. 이와 같이 인정은 선행에 대해서 시장에 기반한 보상을 불러일으킵니다. 수익을 낼 수 없는 시장에서는, 인정이 그 대용으로 작동하고, 수익을 낼 수 있는 시장에서는 인정이 또 다른 하나의 장려정책이 될 수 있습니다. 우리의 도전과제는 이윤과 인정을 포함한 시장 유인책이 이러한 원칙들로 하여금 가난한 사람을 위해 더 많은 일을 하도록 이끄는 시스템을 만드는 것입니다.

# 06 A New Approach to Capitalism in the 21st Century

Thirty years ago, twenty years ago, ten years ago, my focus was *totally on how the magic of software could change the world. I saw that breakthroughs in technology could solve the key problems. And they do — increasingly — for billions of people. But *breakthroughs change lives primarily where people can afford to buy them — only where there is economic demand. And economic demand is not the same as economic need. There are billions of people who need the great inventions of the computer age, and many more basic needs as well. But they have no way of expressing their needs in ways that matter to the market. So they go without.

## Check the Sentence

But <u>breakthroughs</u> change lives primarily where people <u>can afford to buy them</u> — only where there is economic demand.
그러나 그런 발전은 주로 그것을 구매할 여유가 있는 사람들의 삶만을 변화시킵니다. 즉 경제적 수요가 있는 곳만 말이죠.

➡ breakthrough는 '획기적인 발전, 돌파구'라는 뜻의 명사입니다. 주로 과학, 의학 분야에서 획기적인 연구 결과가 나왔을 때 많이 사용되는 단어죠. can afford to buy them(can afford to + 동사원형; 구매할 여유가 있다, 구매할 수 있다)이라는 표현이 눈에 띕니다. cannot afford a new car에서처럼 부정문으로도 자주 쓰이고, afford 뒤에 명사가 목적어로 오는 경우도 많다는 걸 알아두세요.

30년, 20년, 10년 전만 해도 저는 소프트웨어의 마법이 세상을 어떻게 변화시킬 수 있을지에 관심을 집중했습니다. 저는 기술의 획기적인 발전이 중대한 문제들을 해결할 수 있으리라 믿었습니다. 그리고 점차적으로 수십 억의 사람들이 기술 발전의 혜택을 보고 있습니다. 그러나 그런 발전은 주로 그것을 구매할 여유가 있는 사람들의 삶만을 변화시킵니다. 즉 경제적 수요가 있는 곳만 말이죠. 이 경제적 수요는 경제적 필요와 일치하지 않습니다. 수십 억의 사람들이 컴퓨터 시대의 위대한 발명들을 필요로 합니다. 기초적인 필요가 충족되어야 할 사람들은 더 많습니다. 하지만 그들은 그들이 필요로 하는 것을 시장에 의미 있는 방식으로 표현할 방법이 없습니다. 그래서 그들은 결핍된 삶을 살게 되죠.



*totally에서 앞의 t보다 뒤의 t를 부드럽게 소리 냅니다. 앞의 t는 혀를 입천장의 오돌토돌한 부분을 차듯이 발음하고 뒤에 나오는 t는 혀의 앞부분이 입천장에서 미끄러지듯이 부드럽게 소리 냅니다.

*breakthroughs 중간의 th 발음은 혀끝을 윗니와 아랫니로 살짝 물듯이 내밀었다가 바람을 세게 내뿜으며 내는 소리입니다. 여기서 성대는 울리지 않습니다. [브레익스루스]

If we are going to have a chance of changing their lives, we need another level of innovation. Not just technology innovation — we need system innovation. And that's what I want to discuss *with you here in Davos today.

Let me begin by expressing *a view that some do not share. The world is getting better, a lot better. In significant and far-reaching ways, the world is a better place to live than it has ever been. Consider the status of women and minorities in society — virtually any society — compared to any time in the past. Consider that life expectancy has nearly doubled during the last 100 years. Consider governance — the number of people today who vote in elections, express their views, and enjoy economic freedom compared to any time in the past.



<u>Let me begin</u> by expressing a view that some do not share.
많은 사람들이 공감하지 않을지도 모르는 이야기로 시작할까 합니다.

⮕ Let me begin by ~는 굳어진 표현으로, 어떤 이야기를 시작할 때 잘 쓰이기 때문에 한 묶음으로 외워서 적재적소에 사용하시면 좋습니다.

만약에 우리가 그들의 삶을 바꿀 기회를 가지려고 한다면, 우리는 또 다른 수준의 혁신을 필요로 합니다. 단순히 기술의 혁신이 아닌 시스템의 혁신 말입니다. 오늘 여기 다보스에서 여러분과 이야기하고자 하는 것이 바로 이것입니다.

많은 사람들이 공감하지 않을지도 모르는 이야기로 시작할까 합니다. 세상은 점차 좋아지고 있습니다. 의미심장하고 광범위한 영역에서, 현재 세상은 과거 어느 때보다 더 살기 좋아졌습니다. 과거 어느 때, 어느 사회와 비교해서 사회에서의 여성과 소수자들의 지위를 한번 생각해 보십시오. 인류의 평균수명은 지난 100년 동안 거의 두 배로 늘어났습니다. 국가경영에 대하여 생각해 봅시다. 과거와 비교하여 투표권을 행사하고 의견을 표현하고 경제적 자유를 향유하는 사람들의 수를 보십시오.



★with you는 th와 you가 연음되어 [위쥬]처럼 들립니다.
★a view that some do not share 문장에서 강조되는 것은 주로 명사와 동사입니다. 하지만 이 문장처럼 부정형 not이 들어간 경우는 not을 가장 강하게 발음해 줍니다.

In many crucial areas, the world is getting better. These improvements have been triggered, by *advances in science, technology, and medicine. They have brought us to a high point in human welfare. We are really just at the beginning of this technology-driven revolution in what people can do for one another. In the coming decades, we will have astonishing new abilities, better software, better diagnoses for illness, better cures, better education, better opportunities and more brilliant minds coming up with ideas to solve top problems.

## Check the Sentence

We are really just at the beginning of this technology-_driven_ revolution in what people can do for one another.
인류가 서로를 위해 할 수 있는 것에 있어서 우리는 기술이 주도하는 혁신의 단지 시작점에 서 있습니다.

➡ -driven은 명사와 결합하여 '~에 의해서 결정되고 추진되며 내몰리는'이라는 뜻을 만듭니다. revolution에는 여러 종류가 있겠지만, 현재 우리가 살고 있는 technology-driven revolution은 과학적 발견들이 축적되어 이루어진, 즉 모든 것이 과학 기술로 인해 결정되고 추진되는 혁명을 이야기하는 거겠죠.

이런 중요한 부문에서, 세상은 더 나아지고 있습니다. 이러한 발전들은 과학과 기술 그리고 의학의 진보에 의해 촉진되었습니다. 이들 때문에 우리는 인류 복지 부분에서 높은 수준에 다다를 수 있었습니다. 인류가 서로를 위해 할 수 있는 것에 있어서 우리는 기술이 주도하는 혁신의 단지 시작점에 서 있습니다. 다가올 수십 년 동안, 인류는 경이로운 능력들과 보다 나은 소프트웨어를 갖추고, 보다 정확한 병의 진단과 치료법, 보다 나은 교육환경과 기회들을 얻으며 세상의 난제들에 대한 해결방법을 모색할 수 있는 보다 많은 인재들을 확보하게 될 것입니다.



*advances in science, / technology, / and medicine.과 같은 명사의 나열구조에서는 각 명사마다 끊어 읽으면서 끝을 올려 읽고, 마지막 명사는 억양을 내려 읽습니다.

This is how I see the world, and it should make one thing clear: I am an *optimist. The great advances in the world have often aggravated the inequities in the world. The least needy see the most improvement, and the most needy see the least — in particular the billion people who live on less than a dollar a day. There are roughly a billion people in the world who don't get enough food, who don't have clean drinking water, who don't have electricity, the things that we take for granted. Diseases like malaria that kill over a million people a year get far less attention than drugs to help with baldness. Why do people benefit in inverse proportion to their need? Market incentives make that *happen.



There are roughly <u>a billion people</u> in the world who don't get enough food, who don't have clean drinking water, who don't have electricity, <u>the things that we take for granted</u>.
이 세상에는 충분한 음식, 깨끗한 마실 물, 전기 등 우리가 당연하게 여기는 것들을 가지지 못하는 사람들이 대략 10억이나 됩니다.

➡ a billion people에 대한 부연설명을 해 주는 관계대명사절이 세 개 보입니다. 선행사가 사람이어서 관계대명사 who가 사용되었고요. enough food, clean drinking water, electricity의 혜택을 받지 못하고 있는 사람들이 바로 그 a billion people입니다. 마지막의 the things that we take for granted는 바로 앞에서 말한 세 가지 음식, 깨끗한 마실 물, 전기를 다시 한 번 정리해 준 것입니다. the things that을 선행사와 관계대명사가 결합된 관계대명사인 what으로 바꿔서 what we take for granted로도 표현할 수 있습니다.

바로 이것이 제가 세상을 바라보는 관점이며, 이는 한 가지 사실을 분명하게 해 줍니다. 제가 낙관주의자라는 것이죠. 세상의 위대한 진보가 종종 세상의 불평등을 가중시키기도 합니다. 진보를 가장 덜 필요로 하는 사람들이 가장 큰 발전을 보게 되고, 진보를 가장 많이 필요로 하는 사람들이 혜택을 가장 적게 봅니다. 특히 1달러가 안 되는 돈으로 하루를 살아가는 십억 명의 사람들 말입니다. 이 세상에는 충분한 음식, 깨끗한 마실 물, 전기 등 우리가 당연하게 여기는 것들을 가지지 못하는 사람들이 대략 10억이나 됩니다. 일 년에 백만 명 이상의 목숨을 앗아 가는 말라리아와 같은 질병들이 탈모에 도움이 되는 약보다도 더 적은 관심을 받고 있습니다. 왜 사람들의 필요에 반비례하여 혜택이 주어지는 것일까요? 시장 유인책들이 그런 현상을 초래합니다.



*optimist에서 p는 받침처럼 발음됩니다. [압티미스트]로 발음해 보세요.
*happen의 p는 윗입술과 아랫입술을 말아 넣듯이 하였다가 한 번에 터뜨리며 [해-픈]처럼 발음합니다.

In a system of capitalism, as people's wealth rises, the financial incentive to serve them rises. As their wealth falls, the financial incentive to serve them falls — until it becomes *zero. We have to find a way to make the aspects of capitalism that serve wealthier people serve poorer people as well. The genius of capitalism lies in its ability to make self-interest serve the wider interest. The potential of a big financial return for innovation unleashes a broad set of talented people *in pursuit of many different discoveries. This system driven by self-interest is responsible for the incredible innovations that have improved so many lives.

**Check the Sentence**

We have to find a way to <u>make the aspects of capitalism that serve wealthier people serve</u> poorer people as well.
부유한 사람들에게 작용하는 이러한 자본주의의 양상이 더 가난한 사람들에게도 적용될 수 있도록 만들 방법을 우리가 찾아야 합니다.

➡ 구조가 조금 복잡해 보이는 문장입니다. a way to ~ 이하를 살펴보면 〈make(사역동사) + the aspects of capitalism(목적어) + serve(목적보어 – 동사원형)〉가 기본 구조입니다. 그런데 그 사이에 that serve wealthier people이 선행사 aspects를 수식하는 절로 들어가서 문장이 복잡해졌습니다.

순수한 자본주의 시스템에서는, 사람들의 부가 증가할수록 재정적 유인 역시 증가합니다. 부가 감소하면, 이에 작용하던 재정적 유인 역시 감소합니다. 0이 될 때까지요. 부유한 사람들에게 작용하는 이러한 자본주의의 양상이 더 가난한 사람들에게도 적용될 수 있도록 만들 방법을 우리가 찾아야 합니다. 자본주의의 지혜는 자기 이익 중심의 이 시스템을 보다 더 큰 이익을 위해 작동하도록 만드는 능력에 있습니다. 혁신에 대한 엄청난 재정적 보상의 가능성이 더 많은 인재들로 하여금 다양한 발견을 추구하도록 만듭니다. 자기 이익 중심으로 운영된 이 시스템은 수많은 사람들의 삶을 향상시켜 온 놀라운 혁신들의 원인이 됩니다.



*zero[지어로우]에서 윗니와 아랫니 사이를 좁게 두고, 입꼬리를 양쪽 끝으로 벌린 다음 성대를 울립니다. 입의 앞쪽에 진동이 느껴지시나요?

*in pursuit of many different discoveries에서 전치사 in이나 of는 굉장히 약하게 발음되면서 빠르게 지나가고, pursuit, discoveries와 같은 명사는 강하게 발음됩니다.

But to harness this power so it benefits everyone — we need to refine the *system. As I see it, there are two great forces of human nature: self-interest, and caring for others. Capitalism harnesses self-interest in a helpful and sustainable ways, but only on behalf of those who can pay. Government aid and philanthropy channel our caring for those who can't pay. But to provide rapid improvement for the poor we need a system that draws in innovators and businesses in a far better way than we do today. *Such a system would have a twin mission: making profits and also improving lives of those who don't fully benefit from today's market forces. For sustainability, we need to use profit incentives whenever we can.

### Check the Sentence

Capitalism harnesses <u>self-interest</u> in helpful and sustainable ways, but only <u>on behalf of</u> those who can pay.
자본주의는 유익하고 지속 가능한 방식으로 이기심을 이용하지만, 돈을 지불할 수 있는 사람들을 위해서만 작동합니다.

➡ 자본주의의 큰 특징에 대해 self-interest, 즉 자신의 이익을 추구하는 이기심이 그 핵심적 동원이 된다(harness)고 빌 게이츠는 말하고 있습니다. 하지만 그렇게 이기심이 자본주의를 유익하고 지속 가능하게 해 주는 것은 오직 지불 능력이 있는 사람들에게만 해당된다는 자본주의의 패착, 모순 등을 짚어 주고 있네요. on behalf of는 '~를 대신해서, 대표해서'라는 뜻의 숙어로 사용빈도가 높습니다. '~대신에'라는 우리말 뜻에 집착해서 instead of를 쓰지 않도록 주의하세요.

하지만 이러한 힘을 활용하기 위해서는 모든 이에게 이로워야 합니다. 우리는 이 체계를 정비할 필요가 있습니다. 제가 볼 때, 인간의 본성에는 두 가지 큰 힘, 즉 이기심과 이타심이 있습니다. 자본주의는 유익하고 지속 가능한 방식으로 이기심을 이용하지만, 돈을 지불할 수 있는 사람들을 위해서만 작동합니다. 정부 원조와 자선사업은 지불 능력이 없는 사람들을 돌보는 데 집중됩니다. 하지만, 빈곤 계층에게 신속한 개선책을 제공하려면, 현재보다 더 나은 방식으로 혁신자들과 기업들을 끌어모을 수 있는 체계가 필요합니다. 그러한 체계에는 두 가지 과제가 있습니다. 하나는 수익의 창출이며 또 다른 하나는 시장의 힘에서 혜택을 보지 못하는 이들의 삶을 향상시키는 것입니다. 이 체계를 유지하기 위해서는, 우리는 가능하면 이윤동기를 유발하는 방법들을 사용해야 합니다.



＊system에서는 e가 [에]라기보다 [으]에 가까운 소리가 납니다. [시스틈]처럼 발음해 보세요.
＊Such a system would have a twin mission에서는 조동사를 약하게 발음합니다. would have에서 would를 [웃해브]처럼 약하게 발음해 보세요.

At the same time, profits are not always possible when business tries to serve the very poor. In such cases, there needs to be another incentive — and that incentive is recognition. Recognition enhances a company's reputation and appeals to customers; above all, it attracts good people to the *organization. As such, recognition triggers a market-based reward for good behavior. In markets *where profits are not possible, recognition is a proxy; where profits are possible, recognition can be an added incentive. The challenge here is to design a system where market incentives, including profits and recognition, drive those principles to do more for the poor.

**Check the Sentence**

<u>In markets where profits are not possible, recognition is a proxy; where profits are possible</u>, recognition can be an added incentive.
수익을 낼 수 없는 시장에서는 인정이 그 대용으로 작동하고, 수익을 낼 수 있는 시장에서는 인정이 또 다른 하나의 장려정책이 될 수 있습니다.

➡ 이 문장은 두 개의 대조적인 market 형태를 놓고 차이점을 드러내는 구조입니다. 별도의 절을 한 문장 안에서 연결할 때 접속사가 필요한데, 접속사를 쓰지 않고도 ;(세미콜론)으로 연결할 수 있다고 언급한 적이 있습니다. where profits are not possible / where profits are possible 두 관계부사절이 markets를 수식하는 구조입니다.

동시에, 기업들이 극빈층을 위해 노력하더라도 항상 수익이 가능한 것은 아닙니다. 이런 경우에, 또 다른 장려정책이 필요합니다. 그것은 바로 인정(認定)입니다. 인정은 회사의 평판을 높여주고 소비자들에게 호소력을 갖습니다. 무엇보다도, 좋은 사람들을 그 단체로 이끌어 줍니다. 이와 같이 인정은 선행에 대해서 시장에 기반한 보상을 불러일으킵니다. 수익을 낼 수 없는 시장에서는, 인정이 그 대용으로 작동하고, 수익을 낼 수 있는 시장에서는 인정이 또 다른 하나의 장려정책이 될 수 있습니다. 우리의 도전과제는 이윤과 인정을 포함한 시장 유인책이 이러한 원칙들로 하여금 가난한 사람을 위해 더 많은 일을 하도록 이끄는 시스템을 만드는 것입니다.



★organization에서 i는 [이]보다는 [아이]에 가깝게 소리 납니다. [오르거나이제이션]으로 발음해 보세요.

★where profits are not possible에서 본동사인 are보다는 not을 강조해서 읽어 보세요.

I like to call this idea creative capitalism — an approach where governments, businesses, and non-profits work together to stretch the reach of market forces so that more people can make a profit, or gain recognition, doing work that eases the world's inequities. We're thinking in a much more focused way about the problems that the poorest people face, and giving our most innovative thinkers the time and resources to *come up with solutions. This kind of creative capitalism matches business expertise with needs in the developing world to find markets that are already there, but are untapped. Sometimes market forces fail to make an impact in developing countries not because there's no demand, or even because money is lacking, but because we don't spend enough time studying the needs and *requirements of that market.

## Check the Sentence

We're <u>thinking</u> in a much more focused way about the problems that the poorest people face,
우리는 극빈층이 마주하는 문제들에 관해 더 집중적으로 고민하고 있습니다.

➡ think라는 동사는 크게 뜻이 두 가지인데, '~라고 생각하다, 믿는다'의 뜻(누군가의 의견)일 때는 진행형을 쓰지 않습니다. 하지만 이 문장에서처럼 '(주어가) 적극적으로 사고를 하다, ~에 대해 생각을 하다'의 뜻일 때는 진행형이 가능합니다. 예를 들어 '난 지금 너를 생각하고 있어.'는 I'm thinking about you.가 가능한 거죠.

저는 이 생각을 창조적 자본주의라고 명명하고자 합니
다. 이 접근법은 더 많은 사람들이 수익을 얻고 인정을 받
아 결과적으로 세상의 불평등을 줄이는 일을 할 수 있도록
시장의 힘의 도달범위를 넓히기 위해 정부와 기업과 비영
리단체가 협력한다는 것입니다. 우리는 극빈층이 마주하
는 문제들에 관해 더 집중적으로 고민하고 있습니다. 그리
고 해결책을 제시할 수 있도록 가장 혁신적인 사상가들에
게 시간과 자원을 제공하고 있습니다. 이러한 창조적 자본
주의는 기업의 전문성을 개발도상국의 필요, 즉 이미 존재
하지만 개발이 안 된 시장을 발굴할 필요에 결합시킵니다.
때로는 시장의 힘이 개발도상국에 영향을 미치지 못하기도
하지만, 이것은 수요의 부재나 자금의 부족 때문이 아니
라, 우리가 그러한 시장의 필요와 요구사항을 알아보는 데
충분한 시간을 보내지 않기 때문입니다.



★come up과 같이 이어동사(두 단어가 하나의 뜻을 가진 동사)에서는 동사보다 전치사에 강세가
들어갑니다. come보다는 up에 강세를 두고 발음해 보세요.
★requirements[리쿠아이어먼츠]에서 q는 입술을 내밀어 [쿠아]처럼 소리 납니다.

Bill Gates. 빌 게이츠

# 07 CES 2007

2007 세계 가전 전시회에서 빌 게이츠는 연결된 경험을 강조하는 마이크로소프트의 세 제품들을 발표하고 시연하는 시간을 가졌습니다. 본문은 나날이 발전해 가는 IT 제품들에 대해 이야기하고, 하드웨어가 발전하는 것도 중요하지만 그것을 완성시킬 수 있는 핵심요소는 바로 연결된 경험이라고 이야기하고 있습니다.

The graphics resolution is letting us think about representing reality on the screen. So when you shop, you won't just see a list of things, it will be that environment, either the stores that really exist, or the stores that would exist if it was designed for you personally. So we're seeing that in games, we're seeing that in virtual reality, that this presentation richness that all these great devices deliver, because of the graphics chips and the screens, and the development tools, is really quite phenomenal.

그래픽 해상도는 현실을 스크린에 대신 보여 주는 게 아닌가 생각하게 할 정도입니다. 그래서 여러분이 쇼핑할 때, 물건의 목록을 보는 것만이 아니라, 실제 존재하는 가게나 혹은 개개인에 맞추어 만들어진 가게와 같은 환경을 접할 수 있을 것입니다. 이것을 게임에서도 확인할 수 있고, 가상현실에서도 볼 수 있으며, 그래픽칩과 스크린, 그리고 개발도구들 덕분에 이 모든 훌륭한 장치들이 전달하는 영상 구현의 풍부함이 정말로 경이롭다는 것을 확인할 수 있습니다.

# 07 CES 2007

It's amazing to see the progress over the course of the year, and truly the Digital Decade is happening. We see it everywhere we look. We see it in photography over 2 billion digital photos were taken this last year; 65 percent of homes are using digital cameras. We see it in the Internet adoption, higher and higher penetration on a worldwide basis, and more and more activity there, whether it's buying and selling, or whether it's planning, or being creative, the Internet connected up to the Windows PC and other devices is taking over things that would have been done without it before. Over 40 percent of U.S. homes now have multiple personal computers. And *if you look at young people, the new generation, they actually spend more time on their Windows PC than they spend watching TV. Now that's a pretty dramatic change.

## Check the Sentence

the Internet connected up to the Windows PC and other devices is taking over things that would have been done without it before.
이전에 인터넷 없이는 불가능했을 일들이 윈도 PC 또는 다른 장치들에 인터넷이 연결되어 진행되고 있습니다.

things that would have been done without it before에서 would have been done이 나오게 된 원래 구조를 유추해 보면 there are things that would have been done if Internet had not been there로 생각해 볼 수 있습니다. 가정법으로 이해할 수 있는데요. '~가 없었더라면, ~될 수 없었을 것이다'로 해석됩니다. 여기에서는 인터넷이 PC나 다른 장치들에 연결되지 않았던 이전엔 행해질 수 없었을 것이라고 가정해 보는 상황입니다.

 # 2007 세계 가전 전시회

한 해 동안의 발전을 보면 놀랍습니다. 진정한 디지털 10년(2001–2010)이 진행되고 있습니다. 모든 곳에서 이 현상을 목격할 수 있습니다. 사진 면에서 보면, 지난 한 해 20억 장이 넘는 디지털 사진이 촬영되었고, 65%의 가정에서 디지털 카메라가 사용되고 있습니다. 인터넷 수용 양상을 보면, 전 세계적으로 인터넷 보급률이 점점 높아지고, 사고파는 일이든, 기획이든, 혹은 창의적인 작업이든, 더 많은 활동들이 이루어지고 있고, 이전에 인터넷 없이는 불가능했을 일들이 윈도 PC 또는 다른 장치들에 인터넷이 연결되어 진행되고 있습니다. 미국의 40%가 넘는 가정이 컴퓨터를 두 대 이상 가지고 있습니다. 그리고 젊은이들을 보면, 실제 이 새로운 세대는 TV를 보는 것보다 윈도 PC에 더 많은 시간을 소비하고 있습니다. 이것은 상당히 급진적인 변화입니다.



*if you는 한 단어처럼 [이퓨–]로 읽어 보세요.

We see portable devices proliferating, a higher and higher part of the growing PC market. We see the connections, both through Wi-Fi and 3G getting to the point where you can get information wherever you want to go. And we're just scratching the surface. More and more can be done because as this marketplace is *extended, the number of start-ups, the R&D budgets of the established companies, all are investing in this global market to do better and better work. How do we *look at that, what are some of the metrics that we have here?

**Check the Sentence**

And we're just <u>scratching the surface</u>.
그러나 이는 수박 겉핥기에 불과합니다.

➡ scratch the surface는 문자 그대로의 의미처럼 어떤 것(stone, wood, marble 등)의 속까지 파고들어 흔적을 내는 것이 아니라 표면만 긁고 있다는 것입니다. 이러한 비유적 표현이 확장되어 어떤 문제나 이슈를 본격적으로 깊이 있게 다루는 것이 아니라 피상적으로(superficially) 다루거나, 초반 도입단계에 지나지 않는다는 이야기를 할 때 사용할 수 있습니다. 주로 〈scratch the surface of + problem, issue〉 등의 명사와 함께 씁니다.

휴대 가능한 기기가 확산되고, 성장세의 **PC** 시장에서 점점 더 높은 비율을 차지하고 있다는 것을 압니다. 와이파이와 3G를 통한 연결로 어디에서든 정보를 얻을 수 있는 시점에 이르렀습니다. 그러나 이는 수박 겉핥기에 불과합니다. 더 많은 일을 할 수 있습니다. 왜냐하면 이 시장이 확장됨에 따라, 신생업체들의 수와 견실한 회사들의 연구개발 예산 등, 더 훌륭한 일을 할 수 있도록 모든 것이 이 시장에 투자하고 있기 때문입니다. 그렇다면 우리는 이것을 어떻게 바라보아야 할까요? 여기에서 우리가 가진 지표는 무엇일까요?



*extended와 같이 동사의 끝나는 발음이 t, d이면 과거형을 만들 때 ed가 붙어 [익스텐디드]로 소리 납니다.

*look at that은 [루케댓]으로 발음해 보세요.

Network bandwidth has gone up very dramatically, that's we're avoiding that being a bottleneck, even as we're sending high definition signals around. The processors are now opening the memory capability up to 64-bit, and that's a transition we're making without a lot of incompatibility, without paying a lot of extra money. Software, the old 32-bit software can run, but if you need to get more space, it's just there. The graphics resolution is letting us *think about representing reality on the screen. So when you shop, you won't just see a list of things, *it will be that environment, either the stores that really exist, or the stores that would exist if it was designed for you personally. So we're seeing that in games, we're seeing that in virtual reality, that this presentation richness that all these great devices deliver, because of the graphics chips and the screens, and the development tools, is really quite phenomenal.

## Check the Sentence

So we're seeing that in games, we're seeing that in virtual reality, that this presentation richness that all these great devices deliver, because of the graphics chips and the screens, and the development tools, is really quite phenomenal.
이것을 게임에서도 확인할 수 있고, 가상현실에서도 볼 수 있으며, 그래픽칩과 스크린, 그리고 개발도구들 덕분에 이 모든 훌륭한 장치들이 전달하는 영상 구현의 풍부함이 정말로 경이롭다는 것을 확인할 수 있습니다.

➡ 이 문장 역시 즉흥적으로 말하는 상황에서 나온 문장이기 때문에 문장구조가 깔끔하게 정리되어 있지 않고 복잡한 나열과 반복으로 이루어져 있습니다. 뼈대가 되는 구조를 가려낸다면, 〈this presentation richness(주어) + is(동사) + really quite phenomenal(보어)〉입니다. 가운데 삽입된 that all these great devices deliver가 관계대명사절로 richness를 수식하고 있고요. because of ~ development tools까지가 〈because of + 명사〉로 이루어진 구입니다.

네트워크 대역폭이 급격히 증가했고, 고해상도의 신호를 보내면서도 병목현상을 피할 수 있습니다. 프로세서는 64비트에 달하는 메모리용량을 가지기 시작했고, 호환성 문제나 비싼 추가비용 지불 없이도 이런 변환이 이루어지고 있습니다. 이전의 32비트 소프트웨어도 실행될 수 있지만, 더 많은 공간을 원한다면, 바로 여기 그런 소프트웨어가 있습니다. 그래픽 해상도는 현실을 스크린에 대신 보여 주는 게 아닌가 생각하게 할 정도입니다. 그래서 여러분이 쇼핑할 때, 물건의 목록을 보는 것만이 아니라, 실제 존재하는 가게나 혹은 개개인에 맞추어 만들어진 가게와 같은 환경을 접할 수 있을 것입니다. 이것을 게임에서도 확인할 수 있고, 가상현실에서도 볼 수 있으며, 그래픽칩과 스크린, 그리고 개발도구들 덕분에 이 모든 훌륭한 장치들이 전달하는 영상 구현의 풍부함이 정말로 경이롭다는 것을 확인할 수 있습니다.



*think about은 두 단어를 한 단어처럼 붙여 [씽커바웃]으로 발음해 보세요.
*it will be that environment는 [잇윌비댓]처럼 붙여서 빠르게 지나가듯 발음하고 environment를 강하게 강조하듯이 발음합니다.

Storage space, you know, people aren't talking gigabytes anymore, they're talking terabytes of storage, or petabytes of storage, where really that doesn't hold us *back at all, even with the largest databases.

And so we have an amazing hardwork. I love walking around the CES floor seeing, okay, who's got the biggest LCD this year, who's got the biggest plasma, who's got the biggest hard disk. So those are an element of the equation of what we need to deliver on the promise of digital decade. That alone is not enough. There are some key things missing, and in particular the key thing missing is the connections. Delivering on connected experiences requires more than just great hardware. So consumer electronics has been defined to be a much broader industry. As Jerry alluded to, the content people now need to think about how they create around this *environment, how they connect into it. It's an environment where people want to do things across multiple devices, working with many other people.

### Check the Sentence

So those are <u>an element of the equation</u> of what we need to <u>deliver on the promise of</u> digital decade.

이러한 것들이 디지털 10년의 약속을 이행하면서 우리가 필요로 하는 것들의 방정식을 구성하는 한 가지 요소가 됩니다.

➡ deliver on the promise of는 fulfilling or matching the expectations of people의 의미를 지니는 숙어로 외워 두시면 좋습니다. 그리고 이 문장에서는 방정식의 구성요소(an element of the equation)를 비유적으로 들어서 필수 구성요소들을 이야기하고 있습니다. 방정식의 구성요소라고 하면 숫자(numbers), 변수(variables – 예: x, y), 기호(=, −, = 등)를 말하겠죠.

저장 공간에 대해 말하자면, 사람들은 더 이상 기가바이트에 대해 말하지 않고, 테라바이트나 페타바이트의 저장 공간을 이야기합니다. 이들은 엄청난 양의 데이터베이스를 다룰 때조차도 더 이상 우리를 기다리게 하지 않습니다.

그러기에 우리는 각고의 노력을 기울어야 합니다. 저는 CES 행사장을 걸어다니며 올해엔 누가 가장 큰 LCD를 가지고 있는지, 누가 가장 큰 플라스마를, 또 누가 가장 큰 하드 디스크를 가지고 있는지 알아보는 것을 좋아합니다. 이러한 것들이 디지털 10년의 약속을 이행하면서 우리가 필요로 하는 것들의 방정식을 구성하는 한 가지 요소가 됩니다. 이것만으로는 충분하지 않습니다. 여기에는 중요한 몇 가지가 빠져 있는데, 특히 그중 하나가 '연결'입니다. 연결된 경험을 완성하려면 단순히 훌륭한 하드웨어 이상의 것이 필요합니다. 가전제품은 훨씬 더 넓은 산업이 되리라 정의되었습니다. 제리가 언급했듯이, 지금 사람들이 생각해 보아야 할 컨텐츠는 이러한 환경을 창조해 내고, 연결할 수 있는 방법에 관한 것입니다. 사람들이 여러 가지 장치를 오가며 작업하기를 원하는 환경, 다른 많은 사람들과 공동으로 일할 수 있는 환경 말입니다.



*back at all은 [배켓올]처럼 자연스럽게 발음해 보세요.
*environment의 i는 [아이] 소리가 납니다. [인바이어먼트]로 발음해 보세요.

*I want my music when I'm in the car, when I'm at home, when I'm in the living room. I want that to be simple. I want my family's schedule, and the ease of updating it, from the phone, the PC, just touching something on the refrigerator. I want to *collaborate with people. I want to have the experience connect up to people at work, as well as at home. So we can't even just say consumer, because the experiences span into that business environment. So delivering on connected experiences, where people are being productive, doing new creative things, where they're sharing with each other, where they're mobile, where they're just playing games, that is the key element that's missing, and something that we've all got to deliver on to take full advantage of that hardware, and deliver on the promise.

**Check the Sentence**

that is the key element that's <u>missing</u>, and something that we<u>'ve</u> all <u>got to</u> deliver on to take full advantage of that hardware, and deliver on the promise.
그것이 현재 결핍된 핵심 요소이며, 또한 하드웨어를 충분히 이용하고 약속을 이행하기 위해서 우리가 실행해야 할 무언가가 됩니다.

➡ missing은 '~이 결핍된, 누락된, 실종된' 등의 뜻을 지니는 단어인데, 형용사로 be동사 뒤에 쓰이거나, 명사 앞에서 직접 꾸며주기도 합니다. the missing pieces of the puzzle(퍼즐의 잃어버린 조각)
⟨have got to + 동사원형⟩은 '~해야 한다'의 구어체 표현입니다.

저는 차 안이나 집에서, 그리고 거실에서 음악을 듣고 싶
어 합니다. 저는 이것이 단순하길 바랍니다. 가족들의 일
정을 알고 싶고, 그것을 전화나 PC로 업데이트하는 것이
냉장고에 있는 어떤 것을 터치하는 것처럼 쉬웠으면 좋겠
습니다. 저는 사람들과 공동으로 작업하기를 원합니다. 저
는 집에서는 물론이고, 직장에서 사람들과 연결된 것 같은
경험을 갖길 원합니다. 그래서 우리는 단지 소비자라 말할
수 없습니다. 왜냐하면 그 경험이 기업환경 속으로 이어지
기 때문입니다. 그리하여, 사람들이 생산적으로 활동하고,
새로운 것을 창조하며, 다른 이들과 공감하고, 움직임이
자유로우며, 단순히 게임을 하는 것과 같이 연결된 경험을
실행하는 그것이 현재 결핍된 핵심 요소이며, 또한 하드웨
어를 충분히 이용하고 약속을 이행하기 위해서 우리가 실
행해야 할 무언가가 됩니다.



*I want my music에서 want의 t는 발음을 하지 않고 [아이 원 마이 뮤직]처럼 발음해 보세요.
*collaborate의 o는 [오]가 아니라 [어]처럼 발음합니다. 즉 [컬래버래이트]로 발음합니다.

Bill Gates. 빌 게이츠

# 08 Unified Communication Launch

본문은 빌 게이츠가 통합 통신을 위한 소프트웨어에 대해 발표하는 내용입니다. 이 통합 통신은 수직적 통합에서 수평적 통합으로 중심을 이동시키는 것이며, 이는 하드웨어가 아닌 소프트웨어 기반의 통신을 말합니다. 빌 게이츠는 이러한 거대한 흐름과 변화를 타자기에서 워드 프로세싱으로의 변화만큼이나 큰 의미를 가진다고 이야기합니다.

Now, I'm showing this as kind of a revolutionary change, from the vertical to the horizontal. In fact, this is happening in a way where it's an evolution, you can actually take the software that we're talking about, and put that alongside the traditional PBX, and by having software that takes the events in and out of that PBX, a lot of these scenarios you can get without changing that out. Now, over time the lowest cost structure will be to not have the PBX, to simply rely on the software and the Internet connection as the way that communications works. But, we have customers who are going through this evolution in many different ways. It's quite flexible, and what you'll find is that as you start down the path, every step along the path there's opportunities for increased productivity, and cost savings. So you don't have to take it all as one leap, nor the individual steps, kind of painful steps that involve very difficult things.

여기, 수직에서 수평으로의 이 혁명적인 변화를 보여 드리겠습니다. 사실상 이것은 진화의 방향대로 일어나고 있습니다. 여러분은 우리가 말하고 있는 이 소프트웨어를 실제로 구해서 기존의 PBX와 함께 놓고, PBX에 이벤트를 주고받는 소프트웨어를 실행시킴으로써 이전의 것을 바꾸지 않고도 이 시나리오의 많은 부분을 현실화할 수 있습니다. 시간이 지나면 통신 방식으로 최저의 비용이 드는 구조는 PBX가 아니라 단순히 소프트웨어와 인터넷 연결에 의존하는 것이 될 것입니다. 하지만 다른 여러 가지 방식으로 이 진보를 경험하게 될 고객들이 있습니다. 이것은 상당히 유동적이어서 그 경로에 발을 내딛는 순간 매 걸음마다 생산성 향상과 비용절감의 기회가 놓여 있다는 것을 알게 될 것입니다. 그러므로 여러분은 이 모든 걸 얻기 위해서 한 번의 도약을 할 필요도, 아주 까다로운 문제들을 포함하고 있는 단계별로 고통스럽게 한 발짝씩 옮길 필요도 없습니다.

# 08 Unified Communication Launch

In the PC world, with things like Exchange and Active Directory, the idea of knowing who an employee is, their relationship to other people, being able to *figure out what information they're granted access to, this idea of a directory as an important tool in the company, having groups and things like that, has become mainstream. While the PBX has stood out by itself, where that directory, in *terms of keeping it up to date, managing it, has been very, very different. So this has been in its own world, not touched by the magic of software.

## Check the Sentence

While the PBX has stood out by itself, where that directory, <u>in terms of</u> keeping it up to date, managing it, has been very, very different.
PBX(사설교환기)가 두각을 나타내면서 디렉토리를 최신의 상태로 유지하고 관리하는 면에서 상당히 많이 달라졌습니다.

➡ 이 문장을 문법적으로 구조를 분석하려고 들면 뭔가 이상해 보입니다. 왜냐하면 while절과 where절만 있을 뿐 주절이 보이지 않거든요. 계속해서 말하고 있지만 짜여 있는 원고를 읽으며 연설하는 게 아닌 경우, 즉흥적으로 말하다 보면 이렇게 하나의 완결된 문장 구조를 끝내지 못하는 경우도 많답니다. in terms of N / ~ing은 '~라는 면에서, ~라는 점에서'로 해석하며, 이 문장에서는 in terms of ~ managing it까지가 where절 중간에 삽입된 구조로 보면 됩니다.

PC 세상에서, 익스체인지와 액티브 디렉토리 같은 것들을 이용해서, 어떤 한 직원이 어떤 사람이며, 타인들과의 관계는 어떠한지 알고, 접근이 허용된 정보는 무엇인지 파악할 수 있다는 생각, 디렉토리를 회사 내에서 중요 도구로 사용해서 그룹화한다든지 하는 이러한 생각이 주류를 이루게 되었습니다. PBX(사설교환기)가 두각을 나타내면서 디렉토리를 최신의 상태로 유지하고 관리하는 면에서 상당히 많이 달라졌습니다. 그래서 이것이 소프트웨어의 마법의 영향을 받지 않는, 그 자체로 하나의 영역이 되었습니다.



*figure out과 같은 이어동사에서는 연음현상이 주로 나타납니다. 이 두 단어도 마치 한 단어처럼 [피겨라웃]으로 들립니다.
*terms의 t는 혀의 앞부분을 입천장의 오돌토돌한 부분을 밀듯이 입 안에서 소리 냅니다.

In the older world everything changed in a kind of vertically integrated communications stack.

*The person you bought the server from, the person you bought the directory software from, the person you bought the applications from, the person you bought the hardware device that sat on the desk, that was one company. And that model worked just fine, because the pieces worked together, and this was a fairly large market. But, it meant that once you picked one of those PBX vendors, that was it. And, in fact, often the business model there was that even if they didn't make a lot of money on that initial sale, things having to do with, oh, you want to move a phone, well now we're talking, now we can make some money off of you, because you want to move that phone.

**Check the Sentence**

In the older world everything changed in a kind of <u>vertically</u> integrated communications stack.
더 오랜 옛날에는 일종의 수직적 통합 통신 스택에 있어서 모든 것이 변화했습니다.

➡ vertically integrated(integration도 가능)라는 용어는 기업의 경영방식을 말할 때 자주 쓰이는 경제용어입니다. 예를 들면, 감자튀김을 만드는 회사가 감자 농장을 매입해서 원재료의 양, 가격, 품질을 관리하고, 반대로 생산된 상품을 유통, 판매하기 위해서 포장 회사와 운수 회사를 매입하여 생산전반과 유통과정까지 모두 통제하는 형태를 말하는 거죠. 단어 뜻 그대로 수직적 (upstream and downstream) 통합(integration)만 있을 뿐입니다. 빌 게이츠는 이것을 통신 영역에 적용시켜 뒤에 부연설명을 붙이고 있네요.

 당신이 누군가로부터 서버를 구매하고, 또 누군가에게서 디렉토리 소프트웨어를 구매하고, 응용 프로그램을 사고, 또 책상 위에 놓인 하드웨어 장치를 구매했다면, 바로 그 누군가는 한 회사였습니다. 각 부분이 협동적으로 작용했기에 그러한 모델은 효과적일 수 있었고, 이것은 상당히 큰 시장이었습니다. 그러나 이것은 당신이 PBX 판매기업들 중 한 곳을 선택하면 그걸로 끝이라는 것을 의미합니다. 사실상, 그런 기업 모델이 종종 있었죠. 초기 판매에서 많은 수익을 내진 못했지만, 연관된 것을 이용하는 거죠. 전화를 이전하고 싶으시다고요? 이제 말이 통하네요, 당신이 전화를 옮기고 싶어 하니까, 우리는 이제 당신에게서 돈을 뜯어낼 수 있죠.

Speak It Out

*The person you bought the server from, / the person you bought the applications from, / the person you bought the applications from, / the person you bought that hardware device 이 문장을 문법적인 단위로 끊어 읽을 때, 표시된 부분들을 한 단어처럼 덩어리로 읽고 마지막 단어의 끝을 올려 주며, 끊어 놓은 단위로 호흡하도록 읽어 보세요. desk의 s와 k는 무성음입니다. 즉 성대를 울리지 않고 성대에 힘을 빼고 발음해 봅니다.

So that actually became a critical task. We move people around a lot, as we're getting people working together in different groups *and things like that, it's a real point of frustration, because we think of it as just, hey, it's an entry in the directory. You type in their new office number, and tell them to walk over there, and that should just be done. But, *because of the way this had its own network, its own directory, its own even wiring, the way it was connected together, there wasn't much you could do. And so people just accepted it in that form.



But, because of the way this had its own network, its own directory, its own even wiring, the way it was connected together, <u>there wasn't much you could do</u>.
하지만, 이것이 자체의 네트워크와 디렉토리, 심지어 자체의 배선과 연결 방식을 가지고 있기 때문에 당신이 할 수 있는 일은 별로 없습니다.

➡ 〈there isn't[wasn't] much + 주어 + can[could] do〉는 '~가 할 수 있는 일이 별로 없다'라는 뜻으로 일상생활에서도 쓸 일이 많습니다. 이 문장을 약간 응용한 〈there is nothing + 주어 + can(아무것도 없다)〉도 알아두시기 바랍니다.

그래서 실제로 이것이 중요한 업무가 되었습니다. 우리 회사는 서로 다른 그룹에 속한 사람들을 협력하여 작업하게 하므로 직원들을 많이 이동시키는 편인데, 이것을 디렉토리에 항목 하나를 삽입하는 것으로만 생각하기 때문에 회사 입장에서는 상당히 불만입니다. 새로운 사무실 전화번호를 입력하고 사람들을 그리로 가라고 말하고는 그렇게 완료됩니다. 하지만, 이것이 자체의 네트워크와 디렉토리, 심지어 자체의 배선과 연결 방식을 가지고 있기 때문에 당신이 할 수 있는 일은 별로 없습니다. 그래서 사람들은 그러한 형식을 받아들일 수밖에 없었습니다.



*and things like that은 마지막의 that을 다른 단어들보다 좀 더 강하게 읽습니다.
*because of the way this had its own network, its own directory, its own even wiring,에서는 '고유의'라는 뜻을 강조하기 위해서 own에 굉장히 강세를 많이 두는 것을 확인할 수 있습니다.

So how is that going to change away from a vertical model? Well, the answer is that we've seen this before. This is just like the computer industry was before the personal computer came along. And the change agents there were Microsoft, as a software platform, Intel and the other chip companies that took the magic of doing the hardware piece and brought that down to the chip level, did a fantastic job on that. So it became a horizontally oriented structure. So we can take that vertical approach and *turn it on its side, and now say, okay, at each of these layers *somebody can specialize. We've got the servers, which will be standard Windows-type servers, that you already have to run many, many other things, so that's something that's well understood, how to set up and manage. I've got the communications platform, which is software running on those servers. You have standards like the so-called SIP, which is the way on the Internet calls get initiated. And that's a very rich standard, very different than the normal sort of PSTN network phone call.

## Check the Sentence

So we can take that vertical approach and <u>turn it on its side</u>, and now say, okay, at each of these layers somebody can specialize.
그래서 우리는 그 수직적 접근법을 가져다가 옆으로 돌려 놓아두고, 각각의 단계에서 누군가가 전문화할 수 있습니다.

➡ '~을 옆으로 돌리다'라는 말을 영어로 정말 표현하고 싶은데 막상 하려면 잘 생각이 나질 않아요. turn it on its side를 이번 기회에 꼭 기억해 두시면 유용할 겁니다. 이와 함께 turn something upside down(아래 위를 거꾸로) = turn something on its head, turn something inside out(안과 밖을 뒤집어)도 함께 알아 두세요.

그러면 어떻게 이러한 수직적 모델에서 변화할 수 있을까요? 그 대답은 이미 우리가 목격한 것에 있습니다. 이것은 개인용 컴퓨터가 등장하기 이전의 컴퓨터 산업의 모습과 같습니다. 소프트웨어 플랫폼으로서의 마이크로소프트사와, 하드웨어 장비의 마법을 일으켜 칩 수준으로 변화를 가져온 인텔과 다른 칩 회사들과 같은 변화촉진자들은 환상적인 일을 해냈습니다. 그렇게 수평 지향적 구조가 형성되었습니다. 그래서 우리는 그 수직적 접근법을 가져다가 옆으로 돌려 놓아두고, 각각의 단계에서 누군가가 전문화할 수 있습니다. 우리는 서버를 갖추고 있습니다. 이 서버들은 윈도-타입 표준 서버들로, 이미 여러분은 많은 것들을 작동시키기 위해서 그러한 서버를 이용하고 설치 및 관리법도 충분히 알고 있습니다. 우리는 커뮤니케이션 플랫폼, 즉 이런 서버상에서 작동되는 소프트웨어를 가지고 있습니다. SIP로 알려진 것과 같은 통신 표준이 있는데, 이것은 인터넷상에서 전화가 시작되는 방식입니다. 그리고 이 표준은 상당히 다변적이며, 보통의 PSTN 네트워크 전화와는 상당한 차이가 있습니다.



*turn it on에서는 연음현상이 많이 일어나고 있습니다. 중간에 it은 약하게, turn과 on은 강하게 발음합니다. [턴잇논]처럼 들립니다.

*somebody can specialize과 같은 긍정문에서 can은 [캔]이라기보다 [큰]이라고 발음해 보세요.

And then above that platform layer, the ability to put in different pieces of software that's totally flexible, to *connect into your business applications, to connect into something like this SharePoint, and have the presence show up there. In fact, it's our view that whenever you show the name of an employee, of course you should see the presence, and be able to right click, and go and get in touch with all of the different communications modalities. So any application that you've got internally can benefit from this communications stack, just by you put that name in the application display, *you just use the little piece of software that we offer.

**Check the Sentence**

So any application that you've got internally can <u>benefit</u> from this communications stack,
여러분이 내부적으로 이용하는 어떠한 응용 프로그램도 통신 스택을 활용할 수 있습니다.

➥ benefit 동사가 benefit from으로 쓰이면 '~로부터 이득을 취하다, 혜택을 받다, 유용하게 활용하다'로 해석되고 〈benefit + 명사〉로 쓰이면 '~에게 이득이 되다, ~에 도움이 되다'라는 뜻이 됩니다. 차이를 잘 알아 두세요.

그 플랫폼 단계를 넘어서면, 굉장히 유동적인 소프트웨어
의 서로 다른 부분을 설치하고, 비즈니스 응용 프로그램에
연결하고, 쉐어포인트와 같은 프로그램에 연결하고, 그 프
레즌스(presence)를 그곳에 표시하게 하는 능력이 대두됩
니다. 사실상, 우리의 생각은, 여러분이 한 직원의 이름을
제시하면 당연히 그 프레즌스를 알 수 있어야 하고, 우클
릭을 이용해서 모든 다른 통신 양식을 접할 수 있어야 한
다는 것입니다. 여러분이 내부적으로 이용하는 어떠한 응
용 프로그램도 이 통신 스택을 활용할 수 있습니다. 응용
프로그램 화면에 그 직원의 이름을 입력하는 것만으로 여
러분은 우리 회사가 제공하는 소프트웨어의 일부를 이용하
게 되는 것입니다.



*connect into your business applications, to connect into something like this 일반적으로 전치
  사는 강조하지 않지만 여기서는 의미 강조를 위해 in을 강조하고 있습니다.
*you just use the little piece of software / that we offer 여기에서는 that절 앞에서 끊어 읽습니다.

Then the hardware itself, we can see an explosion of activity. We'll see people actually being able to use their mobile phones as a first-class client on this business phone network. Traditionally that was not the case, because those handsets, desktop handsets, had a special relationship to the PBX, so getting at the events, and the information, *you couldn't do that on your mobile phone. You couldn't do that on your PC. So when you come back to your office, just seeing who called, you know, that people didn't expect to be able to do that. But, *they have that big screen, their PC screen in the office, and that can be done.

**Check the Sentence**

Traditionally <u>that was not the case</u>, because those handsets, desktop handsets, had a special relationship to the PBX, so getting at the events, and the information, you couldn't do that on your mobile phone.
이것은 전통적인 방식은 아닙니다. 왜냐하면 이러한 컴퓨터 송수신장치는 PBX와 특별히 연관되었기 때문에, 휴대폰으로 이벤트나 정보를 접할 수 없었습니다.

➡ 문장 맨 앞에 나온 that was not the case는 문장 전체가 한 묶음으로 인식되어 자주 쓰이는 표현으로 '(앞에서 한 말을 받아)~은 그렇지 않았다 / 사실이 아니었다 / 해당되지 않았다' 등으로 해석되고, 요지는 앞에서 한 말처럼 그렇지 않았다는 것입니다. 물론 시제가 현재형으로 that(=it) is not the case라고도 할 수 있죠.

그 다음에 하드웨어 자체의 활성화를 볼 수 있습니다. 우리는 이 비즈니스 전화 네트워크상에서 사람들이 휴대폰을 일급의 클라이언트로 사용하게 되는 모습을 볼 것입니다. 이것은 전통적인 방식은 아닙니다. 왜냐하면 이러한 컴퓨터 송수신장치는 PBX와 특별히 연관되었기 때문에, 휴대폰으로 이벤트나 정보를 접할 수 없었습니다. PC에서 역시 그렇게 할 수 없었습니다. 그래서 당신이 사무실로 돌아와서 누가 전화했는지를 볼 뿐, 사람들은 그렇게 할 수 있으리라 기대하지 않았습니다. 하지만, 사람들은 사무실에 커다란 PC 스크린을 가지고 있고, 이것이 가능할 수 있게 되었습니다.



★you couldn't do that on your mobile phone에서는 mobile phone이 강하게 표현되고 있습니다.
★they have that big screen, their PC screen in the office, and that can be done에서는 내용상 화면을 강조하기 위해 screen이라는 단어에 강세를 두고 있어요.

Now, I'm showing this as kind of a revolutionary change, from the vertical to the horizontal. In fact, this is *happening in a way where it's an evolution, you can actually take the software that we're talking about, and put that alongside the traditional PBX, and by having software that takes the events in and out of that PBX, a lot of these scenarios you can get without changing that out. Now, over time the lowest cost structure will be to not have the PBX, to simply rely on the software and the Internet connection as the way that communications works. But, we have customers who are going through this evolution in many different ways. It's quite flexible, and what you'll find is that as you start down the path, every step along the path there's *opportunities for increased productivity, and cost savings. So you don't have to take it all as one leap, nor the individual steps, kind of painful steps that involve very difficult things.



So you don't have to take it all as one leap, <u>nor</u> the individual steps, kind of painful steps that involve very difficult things.
그러므로 여러분은 이 모든 걸 얻기 위해서 한 번의 도약을 할 필요도, 아주 까다로운 문제들을 포함하고 있는 단계별로 고통스럽게 한 발짝씩 옮길 필요도 없습니다.

➡ nor는 neither A nor B의 형태로 'A도 아니고 B도 아니다'처럼 쓰입니다. 하지만 항상 neither와 짝을 이루어 써야 되는 건 아닙니다. 이 문장처럼 앞에 negative statement(부정의 내용)를 언급하고 뒤에도 부정의 내용을 이어서 한 문장을 연결하고 싶을 때 nor를 사용합니다.

여기, 수직에서 수평으로의 이 혁명적인 변화를 보여 드리겠습니다. 사실상 이것은 진화의 방향대로 일어나고 있습니다. 여러분은 우리가 말하고 있는 이 소프트웨어를 실제로 구해서 기존의 PBX와 함께 놓고, PBX에 이벤트를 주고받는 소프트웨어를 실행시킴으로써 이전의 것을 바꾸지 않고도 이 시나리오의 많은 부분을 현실화할 수 있습니다. 시간이 지나면 통신 방식으로 최저의 비용이 드는 구조는 PBX가 아니라 단순히 소프트웨어와 인터넷 연결에 의존하는 것이 될 것입니다. 하지만 다른 여러 가지 방식으로 이 진보를 경험하게 될 고객들이 있습니다. 이것은 상당히 유동적이어서 그 경로에 발을 내딛는 순간 매 걸음마다 생산성 향상과 비용절감의 기회가 놓여 있다는 것을 알게 될 것입니다. 그러므로 여러분은 이 모든 걸 얻기 위해서 한 번의 도약을 할 필요도, 아주 까다로운 문제들을 포함하고 있는 단계별로 고통스럽게 한 발짝씩 옮길 필요도 없습니다.

**Speak It Out**

*happening에서 pp를 된소리로 발음해 보세요. [해쁘니잉]
*opportunities는 앞의 t보다 뒤에 나오는 t가 더 부드럽게 발음됩니다. 뒤쪽의 t는 d에 가까운 소리가 납니다. [오펄투니디스]

So this transformation to software-based communications is going to be profound as the shift from typewriters to word processing software. Moving from a dedicated piece of hardware to the general purpose personal computer that happened over 20 years ago, and now we simply just *take that for granted. Even 10 years from now, when people think about telephony, they'll if you see like in a movie that old desktop phone you'll think, oh yeah, we used to have things that looked like that, wow, that was intimidating to have that.

## Check the Sentence

Moving from a dedicated piece of hardware to the general purpose personal computer that happened over 20 years ago, and now we simply just <u>take that for granted</u>.
20년도 넘은 이전에, 특정 목적의 하드웨어 덩어리에서 일반 목적의 개인용 컴퓨터로의 이동이 있었고, 현재 우리는 이것을 당연하게 여깁니다.

➡ take that[it] for granted는 '~을 당연하게 여기다'라고 해석되죠. that의 자리에는 사람이나 사물이 다 올 수 있으며 '사람/사물의 존재를 너무 당연하게 여겨서 감사함을 느끼지 못한다'는 의미입니다.

그러므로 이러한 소프트웨어 기반 통신으로의 변형은 타자기에서 워드프로세싱 소프트웨어로의 변화만큼이나 그 의미가 큽니다. 20년도 넘은 이전에, 특정 목적의 하드웨어 덩어리에서 일반 목적의 개인용 컴퓨터로의 이동이 있었고 현재 우리는 이것을 당연하게 여깁니다. 채 십 년이 못 지나 사람들이 영화에 등장하는 오래된 탁상전화를 보면서 전화통신에 대해 이렇게 생각할 것입니다. '아, 맞아, 저렇듯 전혀 갖고 싶지 않은 물건을 우리가 사용하곤 했던 때가 있었지.'라고 말이지요.



＊take that for granted는 연음현상과 함께 [테익댓 포 그랜티드]로 발음해 봅니다.

# Aspen Ideas Festival.

아스펜 아이디어 축제

# 09 The End of Textbooks as We Know Them

2010년 7월 8일에 있었던 아스펜 아이디어 축제에서의 발언입니다. 빌 게이츠는 현재의 교과서의 문제점을 지적하고, 그러한 단점을 보완하면서도 저렴하고 자기 평가가 가능한 소프트웨어를 제공할 것이라고 말하고 있습니다.

There will be textbooks for that that'll be online and free. You still have a problem. You can't assume everyone has an electronic device. You know, our foundation was involved in putting personal computers into every library, but even that's not perfect universal access. In the next 3 or 4 years, some evolution of the Netbook or iPad or phone will be adequate for engaging in that textbook in an interactive way. And the price will come down enough that you can do that for well less than you spend buying the textbooks, and yet what you get is a lot better than that.

이를 위해 온라인상에 무료로 이용 가능한 교과서가 생길 것입니다. 여전히 문제는 있습니다. 모든 사람들이 전자 기기를 가지고 있을 것이라고 가정할 수는 없습니다. 여러분이 아시다시피, 우리 재단은 모든 도서관에 PC를 설치하는 일을 하고 있지만, 이것조차 완벽한 보편적 접근이라 할 수 없습니다. 향후 3, 4년 후에 넷북이나 아이패드 또는 휴대폰의 진화가 상호 작용적인 의미에서의 교과서에 포함되기에 충분할 것입니다. 그리고 가격은 낮아져서 교과서를 사는 데 지출하는 것보다 훨씬 적은 비용이 드는 반면, 얻을 수 있는 결과는 훨씬 더 훌륭할 것입니다.

# 09 The End of Textbooks as We Know Them

Interviewer: Why do we still have textbooks and when are we going to *get rid of them?

Bill Gates: Well, text books in the US are particularly maligned because what's happened is that *they've been designed by committee, and the incentive is to change them, because the text book guys don't like competing with the used textbooks.

---

**Check the Sentence**

Well, text books in the US are particularly maligned because <u>what's happened is that</u> they've been designed by committee,
음, 미국에서 특히 교과서는 비난의 대상인데, 그 이유는 과거 교과서가 위원회에 의해 고안되었다는 데 있습니다.

➡ what's happened is that 구조는 what's happened를 주어로 내세워 '무슨 일이 일어났냐 하면'이라는 뜻으로 청자의 집중을 유도하는 기능을 합니다. what's happened 혹은 what's happening, the thing is that ~ 이런 구도를 사용해서 that 이하 절의 내용에 진짜 하고 싶은 말을 담게 되는 거죠. 하지만 굳이 what's happened 이 부분을 직역할 필요는 없어요.

# 09 우리가 알고 있던 교과서의 종말

**진행자:** 아직도 교과서가 이용되는 이유는 무엇이며 언제 이들이 사라질까요?

**빌 게이츠:** 음, 미국에서 특히 교과서는 비난의 대상인데, 그 이유는 과거 교과서가 위원회에 의해 고안되었다는 데 있습니다. 위원회의 계획은 교과서를 바꾸는 것이고, 교과서 작업자들은 이전의 교재와 경쟁하고 싶어 하지 않기 때문이죠.



★get rid of them은 [겟리더브듬]처럼 단어 중간 중간 띄어 읽지 말고 마치 한 단어처럼 읽어 보세요.

★they've been designed by committee에서 they've의 ve는 [데이브]처럼 거의 들리지 않을 정도로 약하게 발음합니다.

And the person on the committee who wants to add something thinks, you know, *we don't teach arc tangent enough or we don't teach pie graphs enough and so the textbooks just keep getting bigger and bigger. An American math textbook is three times larger than an Asian textbook. And we re-teach concepts many, many times poorly, as opposed to teaching a modest number of concepts a few times. And it's stunning that there'd be this systemic difference. We have fifty states, but they all fell into this trap of committee-based, committee-designed textbooks, and the *Asians did not fall into that trap. And so there's this common curriculum you sometimes hear about.



And we re-teach concepts many, many times poorly, <u>as opposed to</u> teaching a modest number of concepts a few times.
적당한 양의 개념들을 몇 차례 가르치는 것과 반대로, 우리는 수없이 반복하여 서투르게 그 개념들을 다시 가르칩니다.

➡ as opposed to는 '~와 반대로, ~와는 대조적으로, ~이 아니라' 등을 의미하는 두 가지를 대조할 때 쓰는 격식있는 표현입니다. 여기서는 개념을 가르치는 방식을 대조하고 있네요. 비슷한 표현으로는 in contrast to가 있습니다.

그리고 그 위원회에 소속된 사람은 교과서에 뭔가를 추가
하고 싶어 하고, 역탄젠트를 충분히 가르치지 않는다거나
파이 도표를 충분히 가르치고 있지 않다고 생각하게 되죠.
그래서 교과서는 두꺼워져만 갑니다. 미국의 수학교과서는
아시아의 교과서에 비해 세 배나 두껍습니다. 적당한 양
의 개념들을 몇 차례 가르치는 것과 반대로, 우리는 수없
이 반복하여 서투르게 그 개념들을 다시 가르칩니다. 이러
한 시스템상의 차이가 존재한다는 건 정말 놀랍습니다. 미
국에는 오십 개의 주가 있는데, 모두들 하나같이 위원회에
기반을 두고, 위원회가 만들어 낸 교과서의 덫에 빠져 있
습니다. 반면, 아시아 국가들은 그렇지 않습니다. 가끔 들
어 보셨을 테지만 공통교육과정이라는 것이 있습니다.



★we don't teach arc tangent enough or we don't teach pie graphs enough에서 일반적으로는 고
유명사인 arc tangent라든지 pie graphs가 강조되지만 여기서는 충분히 가르치지 않고 있다는
것을 강조하기 위해 enough를 강조해서 발음하고 있습니다.
★Asians는 [아시안]이 아니고 [에이쥐안]으로 발음해 보세요. s가 [ㅈ]에 가까운 소리가 납니다.

There will be textbooks for that that'll be online and free. *You still have a problem. You can't assume everyone has an electronic device. You know, our foundation was involved in putting personal computers into every library, but even that's not perfect universal access. In the next 3 or 4 years, some evolution of the Netbook or iPad or phone will be adequate for engaging in that textbook in an interactive way. And the price will come down enough that you can do that for well less than you spend buying the textbooks, and yet what you get is a lot better than that. Beyond the textbooks, you need self-assessment. You know, the one key thing in math is that people progress at different speeds. And people need to be reinforced — okay, you got this piece, you can move on. Or if you get further up and you're doing story problems, you need diagnosis that says "Look, the reason you're messing this up is not because of anything the story problem; you just keep taking two minuses and getting a negative number. Or in long division or turning an improper fraction into an integer fraction and you've got that messed up."

**Check the Sentence**

<u>Beyond</u> the textbooks, you need self-assessment.
교과서뿐만 아니라, 자기 평가가 필요합니다.

➡ beyond는 '~너머, 저편에'라는 뜻이죠. 그런데 실제 물리적으로 '~너머에'라는 뜻보다 비유적인 표현으로 '~을 넘어서, ~할 수 없는'이라는 뜻으로 더 많이 쓰입니다. 여기서는 '~외에도, ~뿐만 아니라'를 의미합니다. 비슷한 표현으로는 beside, other than, in addition to, as well as 등이 있습니다. 교과서 외에도 자기 평가가 필요하다는 것을 강조하기 위해 사용한 거죠.

이를 위해 온라인상에 무료로 이용 가능한 교과서가 생길 것입니다. 여전히 문제는 있습니다. 모든 사람들이 전자 기기를 가지고 있을 것이라고 가정할 수는 없습니다. 여러분이 아시다시피, 우리 재단은 모든 도서관에 PC를 설치하는 일을 하고 있지만, 이것조차 완벽한 보편적 접근이라 할 수 없습니다. 향후 3, 4년 후에 넷북이나 아이패드 또는 휴대폰의 진화가 상호 작용적인 의미에서의 교과서에 포함되기에 충분할 것입니다. 그리고 가격은 낮아져서 교과서를 사는 데 지출하는 것보다 훨씬 적은 비용이 드는 반면, 얻을 수 있는 결과는 훨씬 더 훌륭할 것입니다. 교과서뿐만 아니라, 자기 평가가 필요합니다. 수학에서 한 가지 중요한 점은 사람마다 발전 속도가 다르다는 것입니다. 그리고 사람들은 강화를 필요로 합니다. 하나를 얻었으면 다음 단계로 넘어가야 합니다. 혹은 좀 더 나아가서 서술형 문제를 풀고 있다면, 이런 진단이 필요하겠죠. "자, 이렇게 엉망인 이유는 서술형 문제 자체에 있는 게 아니야. 너는 계속해서 2를 빼서 음수가 나오는 거야. 혹은 긴 나눗셈에서나 가분수를 정수와 분수로 변환시키는 과정에서 망쳐 버린 거야."라고 말이죠.



*You still have a problem.에서 대명사 you와 부사 still 그리고 관사인 a는 약해집니다. have와 problem을 강하게 읽습니다.

And so, self-assessment software is a big *part of this work. Any student can sit down and try things out. And that is happening, whether it's stuff that we're funding, Race to the Top, or other money is funding. The contrast, what happens today, where you graduate from high school and then you take — when you go to community college you take this test that the majority of minority students fail — you get stuck in remedial math and the majority of the people get stuck there never get a degree. So they've wasted money. They've been humiliated. They spent a lot of time, and they get nothing out of it. That's because it's completely *opaque. You aren't told which part is wrong. The test is this black box that neither you nor your teacher knew about afterwards, and you didn't know about beforehand. Our view is you should be able to go online, spend 15 minutes and know exactly what result you're going to get and know which areas you need to go in and work on and everybody should have free access to that.

**Check the Sentence**

Our view is you should be able to go online, spend 15 minutes and know exactly what result you're going to get and know which areas you need to go in and work on and everybody should have free access to that.

여러분이 온라인에 접속할 수 있고 15분 후에 어떤 결과를 얻을 수 있을지 정확하게 알고, 또한 어떤 부분을 파고들어서 공부해야 할지 알 수 있으며, 모든 이들이 이에 대한 자유로운 접속권을 가져야 한다는 것이 우리의 생각입니다.

➡ 빌 게이츠가 이 연설에서 말하고자 하는 주제입니다. 빌 게이츠는 학생들이 올바르게 학습하기 위해서는 self-assessment software를 통해서 시간 낭비 없이 자신의 학습을 스스로 평가하고 공부가 더 필요한 곳 또는 더 깊이 파고들어야 할 부분을 알고 모든 사람들이 자유롭게 이 프로그램에 접속할 수 있어야 한다고 이야기하고 있습니다.

그래서 자기 평가 소프트웨어가 이 작업의 중요한 부분이 됩니다. 어떤 학생이든 앉아서 문제를 해결할 수 있습니다. 우리 재단이 투자하고 있는 "최고를 향한 경주"이든 다른 곳에서 재정지원을 하는 것이든, 이런 일이 실제 일어나고 있습니다. 오늘날 그 반대 상황이, 즉 고등학교를 졸업하고 지역 전문대학에 진학할 때 이런 시험을 보고 소수 계통의 학생들 대부분이 낙제하고, 수학 보충수업에 매여서 대다수의 학생들이 거기에 발목이 잡혀 학위를 따지 못하는 상황이 발생합니다. 그만큼 돈은 낭비되지요. 굴욕감을 느끼게 됩니다. 학생들은 많은 시간을 들여도 아무것도 얻지 못합니다. 정말로 이해하기 힘들기 때문입니다. 어떤 부분이 잘못되었는지 학생들은 알지 못합니다. 시험은 여러분도, 여러분의 선생도 그 이후를 알 수 없고, 여러분이 미리 알 수 없었던 블랙박스와 같습니다. 여러분이 온라인에 접속할 수 있고, 15분 후에 어떤 결과를 얻을 수 있을지 정확하게 알고, 또한 어떤 부분을 파고들어서 공부해야 할지 알 수 있으며, 모든 이들이 이에 대한 자유로운 접속권을 가져야 한다는 것이 우리의 생각입니다.



*part of this work는 뭉쳐서 [팔옵디쓰]처럼 발음합니다.
*opaque에서 a는 이중모음 [애이] 소리가 납니다. [오패이크]라고 발음해 보세요.

Bill Gates. 빌 게이츠

# 10 Message for the Year of English and IT in Sri Lanka

2009 스리랑카의 영어와 IT의 해를 축하하기 위한 영상입니다. 빌 게이츠는 IT기술이 경제 발전에 큰 도움이 되며, 스리랑카가 영어와 IT의 해를 선포함으로 인해 많은 발전이 있을 것이라고 이야기하고 있습니다. 또한 마이크로소프트사는 스리랑카에 많은 투자를 하고 있고, 앞으로도 이런 투자를 통해 많은 것을 협력하여 이루어 낼 것이라고 말하며 영상을 끝맺음합니다.

Sri Lanka has an advantage though, with a government that's committed to investing further in IT, as outlined in President Rajapaksas vision statement. Like President Rajapaksa, I am optimistic that the country is poised for greater economic growth and development, and much of that will be fueled by the use of software and the power of IT. Sri Lanka's high literacy rate, at over 90%, and its high standards of education and healthcare give it a strong economic foundation. The country's IT literacy rate is nearing 20%, which represents a significant jump from 8% only a few years ago. English language speaking skills are also a crucial part of the foundation for future growth. I am pleased to see that the government has identified the importance of English language skills by declaring 2009 the Year of English and IT Services.

그렇지만, 라자팍세 대통령이 비전성명서에 개괄했듯이, 정부가 IT에 더 많이 투자하기로 밝힘에 따라, 스리랑카는 강점을 갖게 되었습니다. 라자팍세 대통령과 마찬가지로, 저 역시 스리랑카가 더 큰 경제적 성장과 발전을 위한 준비가 다 되어 있다고 낙관하며, 많은 부분이 소프트웨어의 사용과 IT의 힘으로 동력을 얻을 것입니다. 90%가 넘는 스리랑카의 높은 식자율과 높은 교육 및 보건 수준은 굳건한 경제적 토대를 제공합니다. 스리랑카의 IT 능력은 20%에 육박하며, 이는 불과 몇 년 전 8%였던 것에 비해 상당한 성장을 보여 줍니다. 영어 말하기 능력 역시 미래 성장을 위한 중요한 부분입니다. '2009 영어와 IT의 해'의 선언을 통해 스리랑카 정부가 영어 능력의 중요성을 확인하게 되어 기쁩니다.

# 10 Message for the Year of English and IT in Sri Lanka

Hello. *It's a great privilege to join you by video to celebrate the Year of English and IT Services in Sri Lanka. I was very excited to learn about plans for the year which have a clear focus on IT, because this initiative demonstrates that His Excellency, President Mahinda Rajapaksa, and his government recognize the extraordinary potential that information technology has to dramatically improve people's *lives in the country.



<u>It's a great privilege</u> to join you by video to celebrate the Year of English and IT Services in Sri Lanka.
스리랑카의 '2009 영어와 IT의 해'를 기념하여 영상으로 여러분과 함께하게 되어 큰 영광입니다.

➡ 보통 연설을 시작할 때 '~하게 되어 영광입니다'라고 공손하게 시작을 합니다. privilege는 '(어떤 일을 하게 되는) 영광'이란 뜻이며 It's a great privileage to ~ 역시 '~하게 되어 대단히 영광입니다'를 표현할 때 씁니다. It's an honor to ~로 바꾸어 쓸 수도 있습니다.

안녕하세요. 스리랑카의 '2009 영어와 IT의 해'를 기념하여 영상으로 여러분과 함께하게 되어 큰 영광입니다. 올해 IT 부문에 확실한 초점을 두고 있는 계획들에 대해 알게 되어 상당히 기쁩니다. 왜냐하면 이러한 계획은 정보기술이 국민들의 삶을 크게 향상시킬 수 있는 대단한 잠재성을 지니고 있다는 사실을 존경하는 마힌다 라자팍세 대통령과 스리랑카 정부가 인식하고 있음을 보여 주기 때문입니다.

**Speak It Out**

*It's a great privilege / to join you by video / to celebrate / the Year of English / and IT Services in Sri Lanka. 처럼 의미단위로 끊어 읽습니다.
*lives는 여기서 동사가 아니라 명사이기 때문에 [라이브즈]로 발음합니다.

*Some of you may know that I now focus my full time work on the foundation. But I'm still very connected and very excited about the work going on at Microsoft. As I reflect on these thirty-three years of great innovation since Microsoft was started, I'm amazed at how far we've come and the many ways in which IT is transforming how people live and work all over the world and the pace of progress continues to increase. The personal computer we have today is already over a million times more powerful than the original PC that Microsoft wrote software for *back in 1981. I'm confident that even more dramatic changes are yet to come and that the future of technology will be far more exciting than even the past.

## Check the Sentence

I'm confident that even more dramatic changes are <u>yet to come</u> and that the future of technology will be far more exciting than even the past.
앞으로 훨씬 더 급격한 변화가 남아 있고 기술의 미래는 예전보다 훨씬 더 흥미로울 것이라고 확신합니다.

➡ yet to come은 주로 be동사와 같이 쓰여서 '아직 오지 않았다, 더 남아 있다'라고 할 때 씁니다. 예를 들어 The best is yet to come.은 '최고의 날은 아직 오지 않았다(남아 있다).'라는 뜻입니다. 여기서는 '예전보다 더 급격한 기술적 변화가 더 남아 있다'는 것을 강조하기 위해 쓰였습니다.

어떤 분들은 제가 재단에만 전념하고 있다고 알고 있을 겁니다. 하지만, 저는 여전히 마이크로소프트사가 진행하는 업무에 대해 잘 알고 있고 흥미를 가지고 있습니다. 마이크로소프트 창립 이래 지난 33년간의 엄청난 혁신을 되돌아보니, 우리가 많은 발전을 만들어 왔으며, IT가 전 세계 사람들의 생활과 업무방식을 여러 방면에서 변화시켜 왔고 그 발전 속도가 계속해서 증가하고 있음에 새삼 놀라게 됩니다. 오늘날의 PC는 마이크로소프트사가 소프트웨어를 제공했던 1981년의 PC보다 이미 백만 배 이상 강력합니다. 앞으로 훨씬 더 급격한 변화가 남아 있고 기술의 미래는 예전보다 훨씬 더 흥미로울 것이라 확신합니다.



*Some of you는 of와 you가 붙어서 [썸오뷰]로 발음이 됩니다.
*back in 1981은 back과 in을 합쳐서 [배킨]으로 들립니다.

At the same time, *it's also clear that large segments of the world population have not reaped the full benefits of technology. Only about a billion of the roughly six billion people in the world have regular access to sophisticated forms of Information Technology. IT skills lag far behind *where they need to be in an increasingly competitive and globally interconnected economy.

**Check the Sentence**

IT skills <u>lag far behind</u> where they need to be in an increasingly competitive and globally interconnected economy.
점차 경쟁적이고 전 세계가 상호 연관된 경제상황에서 IT기술은 그것을 필요로 하는 곳에서 훨씬 낙후되어 있습니다.

➡ lag behind는 '(발달이) 낙후되다'라는 표현입니다. 같은 표현으로는 fall behind 혹은 be behind가 있습니다. 여기서 far는 '훨씬, 아주'라는 뜻으로 '낙후되다'라는 것을 강조하고 있어요. 이 문장에서는 IT기술이 어떤 곳에서 훨씬 낙후되어 있는데 어떤 곳이냐면 〈where + they (IT skills) + need to be〉 즉, IT기술을 필요로 하는 곳을 말합니다.

동시에, 세계 인구의 대다수가 기술의 혜택을 완전히 누리지 못하는 것 역시 분명한 사실입니다. 대략적으로 60억 세계 인구 가운데 10억의 사람들만이 향상된 정보기술에 지속적으로 접근할 수 있습니다. 점차 경쟁적이고 전 세계가 상호 연관된 경제상황에서 IT기술은 그것을 필요로 하는 곳에서 훨씬 낙후되어 있습니다.



*it's also clear / that large segments of the world population / have not reaped / the full benefits of technology. 이 문장은 that절 앞에서 끊고, 명사구를 끊고, 동사구를 끊어서 읽어 보세요.
*where they need to be 이 부분에서 need to be의 d와 t 소리를 따로 내지 않고 [니튜비]로 뭉쳐서 소리 냅니다.

*Sri Lanka has an advantage though, with a government that's committed to investing further in IT, as outlined in President Rajapaksas vision statement. Like President Rajapaksa, I am optimistic that the country is poised for greater economic growth and development, and much of that will be fueled by the use of software and the power of IT. Sri Lanka's high literacy rate, at over 90%, and its high standards of education and healthcare *give it a strong economic foundation. The country's IT literacy rate is nearing 20%, which represents a significant jump from 8% only a few years ago. English language speaking skills are also a crucial part of the foundation for future growth. I am pleased to see that the government has identified the importance of English language skills by declaring 2009 the Year of English and IT Services.

## Check the Sentence

I am optimistic that the country <u>is poised for</u> greater economic growth and development, and much of that will <u>be fueled by</u> the use of software and the power of IT.
저 역시 스리랑카가 더 큰 경제적 성장과 발전을 위한 준비가 다 되어 있다고 낙관하며, 많은 부분이 소프트웨어의 사용과 IT의 힘으로 동력을 얻을 것입니다.

➡ be poised for something, be poised to do something은 '~할 준비가 되어 있다'는 뜻의 표현입니다. 비슷한 표현으로는 be ready for, be prepared for 등이 있습니다. 또한 fuel은 '연료를 공급하다'라는 뜻인데, 이 지문에서는 수동태인 be fueled by의 형태로 '소프트웨어의 사용과 IT의 힘으로 인해 경제발전의 많은 부분이 (연료를 공급받아) 힘을 얻을 것이다'라고 표현하고 있습니다.

그렇지만, 라자팍세 대통령이 비전성명서에 개괄했듯이, 정부가 IT에 더 많이 투자하기로 밝힘에 따라, 스리랑카는 강점을 갖게 되었습니다. 라자팍세 대통령과 마찬가지로, 저 역시 스리랑카가 더 큰 경제적 성장과 발전을 위한 준비가 다 되어 있다고 낙관하며, 많은 부분이 소프트웨어의 사용과 IT의 힘으로 동력을 얻을 것입니다. 90%가 넘는 스리랑카의 높은 식자율과 높은 교육 및 보건 수준은 굳건한 경제적 토대를 제공합니다. 스리랑카의 IT 능력은 20%에 육박하며, 이는 불과 몇 년 전 8%였던 것에 비해 상당한 성장을 보여줍니다. 영어 말하기 능력 역시 미래 성장을 위한 중요한 부분입니다. '2009 영어와 IT의 해'의 선언을 통해 스리랑카 정부가 영어 능력의 중요성을 확인하게 되어 기쁩니다.



*Sri Lanka has an advantage though,에서는 Sri Lanka(고유명사)와 advantage(명사)를 강조해서 읽고, 나머지 부분은 약하게 읽습니다.
*give it a strong economic에서 give it a 부분을 연달아서 [기빗어]처럼 읽습니다.

So, let me take this opportunity to congratulate President Rajapaksa for his leadership in declaring 2009 the Year of English and IT Services in Sri Lanka, and to wish those involved in the implementation of this *very important initiative every success moving forward.

For its part, Microsoft stands ready to fully support the initiative and Sri Lanka's broader IT-objectives *over the long term. The theme of the work we do in Sri Lanka is Creating Employability. Through our Partners in Learning and Community Technology Skills Programs and our other initiatives, Microsoft has partnered with educational and non-governmental organizations in Sri Lanka to bring IT skills and training to over a million people across the country.

## Check the Sentence

So, <u>let me take this opportunity to</u> congratulate President Rajapaska for his leadership in declaring 2009 the Year of English and It Services in Sri Lanka,
그래서, 이를 계기로 스리랑카의 '2009 영어와 IT의 해'를 선언한 대통령의 지도력에 대해 축하 인사를 드립니다.

➡ Let me take this opportunity to ~는 '이 자리[기회]를 통해 ~하고 싶습니다'라는 표현입니다. 이 문장은 연설문이나 프레젠테이션에서 자주 활용할 수 있으니 꼭 외워서 사용해 보세요. 훨씬 자연스럽고 당당하게 영어로 말할 수 있을 것입니다.

 동
시에 이 중요한 계획의 실행에 관계한 이들의 한 걸음 한
걸음에 성공이 함께하기를 바랍니다.

이 부분에 있어 마이크로소프트사는 장기간에 걸쳐 이 계
획과 스리랑카의 더욱 광범위한 IT 목표들을 전적으로 지
원할 준비가 되어 있습니다. 스리랑카에서 우리가 해야
할 일의 주제는 '고용 가능성 창출'입니다. 교육정보화지
원프로그램(Partners in Learning)과 공동체기술프로그램
(CTSP)과 다른 계획들을 통해서, 마이크로소프트사는 전
국의 백만 명이 넘는 사람들에게 IT기술과 훈련을 제공하
기 위해 스리랑카의 교육단체 및 비정부단체와 협력해 왔
습니다.

**Speak It Out**

★very important initiative에서 initiative는 [이니쉬에이티브]로 발음합니다.
★over the long term의 경우 over와 long 사이에 있는 정관사 the를 굉장히 약하게 발음합니다.

*These efforts have reached students, teachers, academia, rural communities, IT-professionals, and migrant workers. To date, Microsoft has invested over 450 million rupees in Sri Lanka towards these programs and plans similar investments over the coming years. We have already made Windows Vista Sinhala enabled, and we are currently localizing our Office Suite for Sri Lanka. Microsoft's presence in Sri Lanka continues to grow in many ways, and we are committed to deepening existing partnerships and building new ones. *Working together, there is a lot we have already achieved, and much more that we'll accomplish in the future.

Thank you and good luck.

### Check the Sentence

Microsoft's presence in Sri Lanka continues to grow in many ways, and we are committed to deepening existing partnerships and building new ones. Working together, there is a lot we have already achieved, and much more that we'll accomplish in the future.

스리랑카에서 마이크로소프트사의 존재는 여러 면에서 계속 커지고 있으며, 우리는 기존의 파트너십을 다지고 새로운 파트너십을 구축하는 데 헌신하고 있습니다. 함께 협력해서 이미 우리는 많은 것을 이루어 냈고, 훨씬 더 많은 것을 장래에 성취할 것입니다.

➡ 빌 게이츠가 이 연설문에서 말하고자 하는 내용입니다. '스리랑카의 2009 영어와 IT의 해'를 기념하여 연설하고 있으며 스리랑카와 마이크로소프트사의 관계를 확인하고 앞으로의 관계에 대해서도 희망적으로 이야기하며 연설문의 취지에 맞게 마무리하고 있습니다. 이렇게 연설문에서 본래 자신이 전하고자 하는 취지를 잘 전달하면서 마무리하는 것이 중요합니다.

이러한 노력의 범위는 학생들과 교사들, 학교와 지역공동체들, IT 전문가들, 그리고
이민노동자들에 이릅니다. 현재까지 마이크로소프트사는 스리랑카의 이 프로그램들
에 4억 5천만 루피 이상을 투자해 왔고, 장래에도 이와 유사한 규모의 투자를 계획하
고 있습니다. 우리는 이미 윈도 비스타 신할라어 버전을 사용 가능하게 했고, 현재 스
리랑카판 오피스 스위트가 현지화 작업 중에 있습니다. 스리랑카에서 마이크로소프
트사의 존재는 여러 면에서 계속 커지고 있으며, 우리는 기존의 파트너십을 다지고
새로운 파트너십을 구축하는 데 헌신하고 있습니다. 함께 협력해서 이미 우리는 많은
것을 이루어 냈고, 훨씬 더 많은 것을 장래에 성취할 것입니다.

감사합니다. 그리고 행운을 빕니다.



*These efforts have reached students, / teachers, / academia, / rural communities, / IT-
professionals, / and migrant workers. 명사의 나열 구조로, 개별 단어를 강조하되 끝을 올려 읽
고, 마지막 단어는 끝을 내려서 발음합니다.
*Working together, / there is a lot we have already achieved, / and much more / that we'll
accomplish in the future. 이 문장은 의미 단위로 끊어 읽습니다. 주어구와, 접속사 앞, that 절
앞에 끊어서 읽습니다.

PART 3
Bill Gates' Life
빌 게이츠의 삶

우리에게는 빌 게이츠로 더 잘 알려진 윌리엄 헨리 게이츠 3세(William Henry Gates III, 1955. 10. 28~)는 폴 앨런과 함께 세계적인 기업 마이크로소프트를 설립한 미국의 사업가입니다. 세계에서 가장 부자인 사람으로도 유명하지요. 포브스지가 선정하는 '세계에서 가장 부유한 인물' 명단에서 1995년부터 2007년까지 13년 연속 1위에 올랐고, 2009년에도 다시 1위에 올랐으며, 다른 해에도 2, 3위를 오가며 갑부의 대명사가 되었습니다. 성공한 사업가이자 갑부의 대표 격인 빌 게이츠의 삶은 어땠을까요?

빌 게이츠(본명 William Henry Gates III)는 미국 워싱턴 주 시애틀 태생입니니다. 아버지 윌리엄 H. 게이츠 시니어(William Henry Gates Sr)와 어머니 매리 맥스웰 게이츠(Mary Maxwell Gates) 사이에서 1남 2녀 중 장남으로 태어났습니다. 누나의 이름은 크리스티(Kristianne), 여동생의 이름은 리비(Libby)입니다. 아버지는 저명한 변호사였으며 어머니는 미국의 은행인 퍼스트 인터스테이트 뱅크(First Interstate Bank)와 비영리 단체 유나이티드 웨이(United Way)의 이사회 임원이었습니다. 또한 외할아버지인 J.W. 맥스웰은 미국 국립은행의 부은행장이었다고 하니 유복한 환경에서 자랐다고 할 수 있겠습니다.

어렸을 때 게이츠는 독서광이었습니다. 10살이 되기 전에 백과사전을 다 읽어 버렸을 정도였으니까요. 부모님도 빌 게이츠가 변호사가 되기를 원했습니다. 그가 13세 때 상류층 사립학교인 레이크사이드 스쿨(Lakeside School)에 입학하였습니다. 8학년(한국의 중학교 3학년)이 되었을 때, 학교 어머니회는 자선 바자회에서의 수익금을 ASR-33 텔레타이프라이터 단말기와 제네럴 일렉트릭(GE) 컴퓨터의 사용 시간을 구매하는 데 사용하기로 결정하였습니다. 게이츠는 이 GE 시스템에서 베이직(BASIC)으로 프로그래밍하는 것에 흥미를 갖게 되었으며, 이에 프로그래밍을 더 연습하기 위해 수학 수업을 면제받기도 했습니다.

게이츠는 이 시스템에서 동작하는 '틱택토(Tic Tac Toe)' 게임을 만들었는데, 이는 그가 만든 최초의 프로그램으로, 사람이 컴퓨터를 상대로 플레이할 수 있게 되어 있었습니다. 어쩌면 이때가 위대한 프로그래머이자 사업가 빌 게이츠를 탄생하게 해 준 순간이 아니었을까요? 게이츠는 입력된 코드를 언제나 완벽하게 수행하는 이 기계에 매료되었습니다. 그 후에도 학교의 반 편성 프로그램이나, 급여 관리 프로그램 등을 만들고 컴퓨터 사용 시간과 로열티를 받았다고 하니 빌 게이츠의 프로그래머로서의 능력과 사업가로서의 수완은 어렸을 때부터 싹이 보였던 듯합니다.

# 빌 게이츠의 인생 제1막 – 마이크로소프트의 설립

빌 게이츠가 본격적으로 마이크로소프트(Microsoft)를 설립하고 소프트웨어 제작자의 길을 걷게 된 것은 MITS사의 앨테어(Altair) 8800 덕분이라 할 수 있습니다. 앨테어 8800은 상업적인 성공을 거둔 최초의 컴퓨터로 평가받는 제품이지요. 폴 앨런(Paul Allen)과 빌 게이츠는 이 앨테어 8800에서 사용할 수 있는 앨테어 베이직(Altair Basic) 인터프리터(interpreter 소스프로그램을 한 단계씩 기계어로 해석하여 실행하는 언어처리 프로그램)를 개발합니다. 폴 앨런은 게이츠의 인생에서 **빼놓을** 수 없는 사람입니다. 게이츠와 고등학교 때 인연을 맺은 앨런은 게이츠와 '컴퓨터 혁명'에 대한 비전을 공유하던 사이였고, 이후 마이크로소프트를 공동으로 설립하게 되지요.

## 1. 마이크로소프트의 도약

1975년 1월에 MITS사에 앨테어 베이직 언어에 대한 의견을 타진할 때만 해도 게이츠와 앨런은 제대로 베이직 언어를 개발하지도 않은 상태였습니다. 하지만 MITS사에게서 아직 준비가 되지 않았다며 한 달 뒤에 연락하라는 말을 듣고 둘은 밤낮으로 앨테어 베이직 언어 개발에 몰두하여 결국은 MITS사에 판매하는 데 성

공합니다. 그리고 판매가 이외에도 앨테어 8800에 깔리는 베이직 프로그램에 대해 로열티를 받기로 하지요. 이러한 경험에 자신감을 얻은 빌 게이츠와 폴 앨런은 1975년 4월 4일 마이크로소프트를 공동으로 설립합니다. 1990년대 이후 세계 소프트웨어 시장을 지배하게 되는 거대한 회사가 탄생하는 순간이죠. 그리고 게이츠는 하버드를 떠나 사업에 전념하게 되었습니다. 이후 마이크로소프트는 베이직 언어, 어셈블러, 컴파일러 등을 개발하며 성장해 갔습니다.

## MS-DOS 출시



꾸준히 커 가던 마이크로소프트가 첫 번째로 도약한 것은 1981년입니다. 바로 MS-DOS가 대성공을 거둔 것이지요. MS-DOS는 IBM PC용 운영체제로, 정해진 명령어를 입력하여 컴퓨터를 작동시키는 텍스트 인터페이스 방식의 운영체제입니다. 사상 최초로 대중화된 운영체제로, 마이크로소프트를 소프트웨어 회사의 대명사로 만들어 준 시발점이 바로 MS-DOS라고 할 수 있습니다. 1980년 7월 즈음 IBM은 개인용 컴퓨터 개발에 착수하면서 개발의 빠른 진행을 위해 IBM PC에서 돌아가는 모든 소프트웨어를 외부에서 조달하기로 했습니다. 처음에 IBM은 베이직 등의 프로그래밍 언어 관련 제품들에 대해서만 마이크로소프트와 교섭하였고, 운영체제에 대해서는 CP/M의 제작사인 디지털 리서치(Digital Research)와 교섭해야 했지요. 하지만 IBM과 디지털 리서치와의 교섭이 불발되고, 마이크로소프트는 독자적으로 86DOS를 개발 중이던 시애틀 컴퓨터시스템(Seattle Computer Systems)을 사들여 IBM PC용으로 수정하여 판매합니다. 이것이 MS-DOS의 시작이었고, 또한 마이크로소프트 신화의 시작이었습니다. IBM PC의 보급이 급격히 증가하면서 MS-DOS의 판매량도 급증하였습니다.

## 윈도 출시

마이크로소프트의 두 번째 도약이자, 지금의 마이크로소프트를 있게 한 제품은 두말할 나위 없이 윈도(Windows)입니다. 윈도는 텍스트가 아닌 그래픽을 기반으로 하는 인터페이스입니다. 일일이 명령어를 입력할 필요 없이 마우스를 손으로 직접 움직여서 원하는 곳에 커서를 두고 클릭만 하면 프로그램을 실행할 수 있는 운영체제이지요. 물론 그래픽 사용자 인터페이스(Graphic User Interface, GUI) 운영체제가 윈도가 최초는 아니었습니다. 이전에 이미 애플사(Apple)와 비지코프사(VisiCorp), 디지털 리서치사 등이 GUI 방식의 운영체제를 내놓았지만 마케팅 부재, 실용성 부족 등 여러 가지 이유로 성공을 거두지 못했지요. 윈도 역시 1983년에 처음 발표되었지만 처음부터 대중들에게 인정받고 승승장구한 것은 아니었습니다. 실질적으로 대중들에게 매력적인 운영체제로 다가간 것은 1990년에 발매된 윈도 3.0과 1992년에 발매된 3.1버전부터였지요. 프로그램 관리자와 아이콘의 기능이 강화되고 윈도용 프로그램이 대거 등장하면서 윈도가 서서히 시장에서 위력을 발휘하기 시작했습니다. 하지만 엄밀한 의미에서 윈도 3.1까지는 완벽하게 독립된 운영체제라기보다는 DOS에서 구동되는 프로그램에 가까웠습니다.

1994년 하반기에 윈도 95가 출시되었는데, 윈도 95는 독립적으로 운영되는 운영체제의 모습을 갖추었고, 여러 면에서 윈도 3.1보다 훨씬 발전하였습니다. 윈도 95는 대성공이라는 말로도 부족할 만큼 크나큰 성과를 거두었고, 같은 회사의 운영체제인 DOS의 시대를 종결시키는 역할을 하였습니다. 빌 게이츠가 13년 연속으로 세계 최고 부자 순위에서 1위를 차지하게 되는 그 시작점이기도 하지요. 3년 뒤에 발매된 윈도 98 역시 좋은 평가와 함께 크게 성공하였고, 2000년의 윈도 미는 실패했으나 2001년 출시된 윈도 XP로 반등에 성공하면서 윈도의 지배력은 점점 공고해졌습니다.

## 2. 마이크로소프트의 성공 비결

그렇다면 빌 게이츠가 이렇게 큰 성공을 거둘 수 있었던 이유는 무엇일까요? 물론 여러 가지가 있겠지만, 가장 첫 손에 꼽을 수 있는 것은 아무래도 빌 게이츠의 사업가적인 수완과 미래에 대한 비전일 것입니다. 게이츠는 이미 학교를 다니던 시절에도 프로그램을 만들어 로열티를 받을 정도로 소프트웨어 제작뿐 아니라 비즈니스에도 능한 모습을 보였습니다. 그리고 모든 집에 컴퓨터가 한 대씩 놓여 있는 세상을 꿈꿨고, 그 컴퓨터마다 자신이 만든 소프트웨어가 깔리는 것을 목표로 끊임없이 달렸습니다.

### 탁월한 사업가적인 수완

그는 IBM이 IBM PC에 사용할 베이직 언어를 개발해 달라는 제의를 받았을 때 그것이 얼마나 중요한 일인지 알았습니다. 그리고 당대 최고의 기업이었던 IBM의 임원들을 상대로 당당하게 이야기를 주도하며 성공적인 계약을 이끌었습니다. 그리고 IBM이 디지털 리서치와 협상하는 데 실패하면서 CP/M을 IBM PC의 운영체제로 사용할 수 없게 되자 시애틀 컴퓨터시스템사를 인수하여 IBM PC에 사용할 운영체제를 개발하고, 로열티를 받으면서 운영체제 소유권까지 갖는 조건으로 IBM과 계약하죠. IBM PC에 DOS를 사용하게 되는 이 계약 하나가 빌 게이츠와 마이크로소프트에 끼친 영향은 어마어마했습니다. IBM PC가 선풍적으로 인기를 끌면서 세계의 컴퓨터 시장의 표준이 되어 갔고, 그에 따라 마이크로소프트의 DOS 역시 운영체제의 표준이 되어 갔습니다. IBM PC가 팔리면 팔릴수록 DOS의 사용료를 받는 마이크로소프트의 수입도 기하급수적으로 증가했습니다.

하지만 게이츠는 여기서 멈추지 않았습니다. 1983년 애플이 내놓은 그래픽 사용자 인터페이스(GUI)의 컴퓨터 '리사(Lisa)'에서 변화의 흐름을 읽고 MS-DOS의 뒤를 이을 새로운 그래픽 사용자 인터페이스에 대해 생각했죠. 그것이 바로 윈도입니다. 처음에는 성공을 거두지 못했지만, 점점 개선된 윈도는 결국 3.0버전부터 자리를 잡고, 버전이 올라갈수록 날개 돋친 듯 팔립니다.

그리고 윈도 3.1이 성공해 나갈 무렵, 세계 컴퓨터 시장에는 또 하나의 바람이 불어옵니다. 바로 '인터넷'이라는 존재입니다. 전 세계를 연결해 주는 인터넷이 생기면서, 인터넷을 보다 쉽게 이용할 수 있는 웹 브라우저의 중요성도 커졌습니다. 당시 웹 브라우저 시장은 넷스케이프(Netscape)가 선점하고 있었습니다. 이제 컴퓨터 시장의 중심은 마이크로소프트와 윈도에서 인터넷으로 옮겨갈 것이고, 마이크로소프트의 위용은 한풀 꺾일 것이라는 전망들이 나왔습니다.

하지만 게이츠는 윈도 95에 인터넷 익스플로러(Internet Explorer)를 기본으로 제공하는 방법으로 웹 브라우저 시장까지 장악해 버립니다. 물론 이 방법은 훗날 많은 문제가 되지만, 인터넷 브라우저가 컴퓨터 시장에서 차지하는 역할이 훨씬 더 커질 것이라고 예측하고 시장에 참여할 방법을 찾고자 한 게이츠의 판단력 자체는 인정할 만한 것이죠. 이렇게, 무에서 유를 창조하는 것은 아니지만 시장의 흐름을 읽고 어느 것이 앞으로 시장에서 중요한 역할을 할지 정확히 판단하여 실행에 옮기는 빌 게이츠의 통찰력과 사업가적 기질이 마이크로소프트를 성장시킨 큰 원동력임은 부인할 수 없을 것입니다.

훌륭한 조력자, 폴 앨런과 스티브 발머
또한 훌륭한 조력자가 항상 옆에 있었다는 것도 비결 중 하나입니다. 폴 앨런은 1983년 호지킨병으로 마이크로소프트를 나올 때까지 마이크로소프트의 공동 설립자이자 빌 게이츠의 동업자로서 탁월하게 일했습니다. 폴 앨런이 주로 아이디어와 제품 개발을 담당하고 빌 게이츠는 사업과 협상에 관련된 일들을 맡았습니다. 고등

학교 때부터 컴퓨터에 대한 비전을 함께 키워 왔던 친구와의 동업이 빌 게이츠에게는 큰 도움이 되었을 것입니다. 하버드 대학교에서 만난 친구인 스티브 발머(Steve Ballmer) 역시 탁월한 조력자였습니다. 빌 게이츠의 스카우트로 스탠포드 경영 대학원을 중퇴하고 마이크로소프트에 입사한 스티브 발머는 주로 회사의

재정 운용과 판매 쪽을 담당하였고, 게이츠와 함께 마이크로소프트의 전성기를 열었습니다.

앨런과 발머가 게이츠와 항상 사이가 좋았던 것은 아니라고 합니다. 발머와 게이츠는 2000년 게이츠의 뒤를 이어 발머가 최고경영자 자리에 오른 뒤 다툼이 많아졌습니다. 게이츠가 최고경영자 자리에서 물러나 최고 소프트웨어 개발자라는 자리를 얻어 명목상으로는 스티브 발머보다 직급이 낮아졌지만, 회사 내에서 게이츠의 영향력은 여전하였고, 게이츠 역시 본인의 직급보다 더 많은 영향력을 행사하였기 때문입니다. 사사건건 둘의 충돌이 심해지면서 많은 이들이 걱정하였고, 결과적으로는 게이츠가 2인자의 자리를 공식적으로 받아들임으로써 갈등이 봉합되었습니다.

앨런 역시 그동안은 게이츠와의 관계가 좋았다고 알려졌지만, 몇 년 전 출간한 자서전 『아이디어맨(Idea Man)』에서 1982년 빌 게이츠와 스티브 발머가 폴 앨런의 주식 지분을 줄이는 방법 등을 논의하는 것을 엿들었으며, 자신이 문을 박차고 들어가 그 계략을 중단시켰고, 게이츠가 사과하고 계획을 철회했다고 밝혔습니다. 당시의 섭섭한 마음을 밝히면서 둘의 관계가 마냥 우호적이지만은 않았다는 것을 드러낸 것이죠. 하지만 두 사람이 빌 게이츠의 훌륭한 파트너였고, 마이크로소프트가 세계 최고의 소프트웨어 회사가 되는 데 큰 역할을 하였으며, 두 사람이 없었다면 빌 게이츠 혼자 모든 것을 이루기는 힘들었을 것임은 분명합니다.

## 3. 마이크로소프트의 시련

물론 빌 게이츠와 마이크로소프트가 항상 성공만 거둔 것은 아닙니다. 사실 독점에 가까웠던 1990년대~2000년대 초반에 비하면 현재의 마이크로소프트의 영향력은 절대적이지 않습니다. 물론 여전히 세계 최고의 소프트웨어 회사이지만, 과거에 비한다면 영향력이 작아졌다고 할 수 있죠. 그 이유에는 여러 가지가 있습니다.

### 출시품들의 연이은 실패

우선 기본적으로 제품의 실패가 있습니다. 마이크로소프트가 윈도 95-윈도 98-윈도 XP-윈도 7로 이어지는 제품군을 가지고 있지만 윈도의 모든 제품이 성공하고 좋은 평가를 듣지는 못했습니다. 우선 밀레니엄 시대에 발매되면서 이름 붙은 윈도 미(Me)는 오류가 잦고 안정성이 떨어져 혹평을 들었고, 마이크로소프트조차도 윈도 미를 실패작이라고 인정할 수밖에 없었습니다. 후속작인 윈도 XP가 빠르게 출시되었고 크게 성공하면서 윈도 미의 실패의 여파는 최소화되었지만 윈도의 명성에 흠집이 간 것은 분명했지요. 윈도 XP의 후속으로 2007년 1월 출시된 윈도 비스타(Vista) 역시 윈도 미와 비슷한 모습을 보였습니다. 윈도 XP에 비해 보안성이 대폭 강화된 것은 장점이었지만, 보안에 지나치게 치중하여 사용자에게 많은 불편을 주었고, 윈도 XP와의 호환성이 떨어져서 사용할 수 없는 프로그램이 너무 많다는 점 또한 윈도 XP의 명성을 잇지 못한 요인이 되었습니다.

또한 시장의 흐름과 요구에 한 발 앞서 반응하여 세계 최고의 자리에 설 수 있었던 마이크로소프트가 2000년대 들어서는 한 발 앞서기는커녕 시대의 흐름에 발을 맞추지 못하고 있습니다. 이미 애플의 iOS와 구글(Google)의 안드로이드(Android)가 양분한 모바일 운영체제 시장에서 마이크로소프트의 윈도 모바일(Windows Mobile)은 고전을 면치 못했습니다. 윈도 모바일은 전 세계의 PC의 절대 다수에 깔려 있는 윈도와 호환이 잘되며, 많은 사용자에게 익숙한 운영체제라는 점에서 출시 당시에 큰 기대를 모았지만, 인터페이스가 불편하고 느리며 사용할 애플리케이션이 적다는 등의 여러 단점들이 지적되면서 양강 체제를 깨는 데 실패했습니다. 마이크로소프트는 윈도 모바일의 7버전부터 윈도 폰(Windows Phone)으로 이름을 바꾸고 여러 단점들을 보완하며 모바일 시장에서의 영향력을 키워 나가려 하고 있습니다.

태블릿 시장에서도 마이크로소프트의 행보는 아쉬움을 남깁니다. 애플의 아이패드와 구글의 안드로이드를 탑재한 여러 태블릿 제품들에 비해 윈도의 모바일 운영체제가 완벽하지 못하다 보니 윈도를 탑재한 태블릿 또한 큰 힘을 발휘하지 못하고 있습니다. PC 시장에서 모바일 시장으로 IT의 중심이 조금씩 옮겨지면서 애플과 구글에 추월당한 상황에서, 마이크로소프트가 어떻게 반격할지 지켜보는 재미가 있을 것 같습니다. 물론 현재는 마이크로소프트에 빌 게이츠가 없지만, 그가 있었다면 어떻게 했을까를 상상해 보는 것도 재미있는 일이겠죠.

## 마이크로소프트의 반독점 재판

하지만 빌 게이츠와 마이크로소프트의 가장 큰 위기의 사건은 바로 1998년부터 시작되었던 마이크로소프트의 반독점 재판입니다. 게이츠의 인생을 변화시킨 사건이기도 했죠. 1980년대 후반부터 마이크로소프트는 운영체제 시장의 독점적인 지위를 이용해 주변 기업들에게 부당한 행위를 했다는 의혹을 받아 왔습니다. 그리고 결국 연방정부와 20개 주의 기소로 1998년 10월 19일 역사적인 반독점 재판이 시작되었습니다. 이미 미국 정부는 1997년 10월에 윈도 95의 라이선스 계약 조건으로 익스플로러를 무조건 설치해야 하게 만든 것이 반독점 행위라고 판단하였습니다. 또한 재판 과정에서 마이크로소프트가 넷스케이프를 몰락시키고 웹 브라우저 시장을 차지하기 위해 독점적인 지위를 이용해 PC 제조업체들을 협박하고, 넷스케이프와 일하지 못하게 했다는 사실들이 밝혀져 빌 게이츠는 도덕성에 큰 타격을 입었습니다.

여러 차례 재판이 지연되었고, 2000년 6월 8일 마이크로소프트 분할 판결이 내려졌습니다. 윈도 운영체제 담당 회사와 오피스·웹 브라우저 담당 회사로 분할하라는 판결입니다. 그 뒤 마이크로소프트가 항소하고, 소송에 참여한 20개 주와 화해하면서 소송을 무효화시켜 실제로 마이크로소프트가 분할되지는 않았습니다. 그러나 재판이 진행되는 동안 빌 게이츠와 마이크로소프트는 엄청난 비난에 시달렸고, 빌 게이츠는 비난 여론을 무마시키기 위해 최고경영자 자리를 스티브 발머에게 넘기고 2인자의 자리로 물러나게 되었습니다.

# 빌 게이츠의 인생 제2막

## 1. 빌 앤 멜린다 게이츠 재단

하지만 이것이 빌 게이츠의 제2의 인생의 서막이 되었습니다. 2000년 아내와 자신의 이름을 따 '빌 앤 멜린다 게이츠 재단(Bill and Melinda Gates Foundation)'을 만든 것이지요. 이것은 아마 반독점 재판으로 극도로 악화된 자신의 이미지를 쇄신하기 위한 조치였을 겁니다. 하지만 시작은 그랬을지라도 빌 게이츠는 아내 멜린다의 영향을 받으며 점점 진정한 자선사업가로 거듭났습니다.

최고경영자에서 물러나 최고 소프트웨어 개발자로 일하던 빌 게이츠는 2006년 그 직책에서도 물러나며 은퇴를 준비했고, 2008년 6월 27일에 공식적으로 은퇴하였습니다. 은퇴하고자 했던 이유 역시 자선활동에 좀 더 많은 시간을 투자하기 위해서였지요. 그리고 빌 앤 멜린다 게이츠 재단이 세계에서 가장 활발하게 활동하는 자선단체로 손꼽힐 정도로 재단의 활동에 많은 시간과 자원을 투자하게 됩니다.

게이츠는 2008년 1월 〈월스트리트저널(WSJ)〉과의 인터뷰에서 예전에 출장차 남아프리카공화국을 방문했을 때 슬럼가의 비참한 현실을 보고 자본주의에 대한 믿음이 흔들릴 정도로 충격을 받았다고 인터뷰했습니다. 그것이 그가 자선활동에 깊은 관심을 기울이게 된 계기였죠. 그리고 그 문제의 해결책이 무엇인지 알기 위해 전문가들을 만나기도 하고 많은 책들을 읽기도 하고 여러 방면으로 노력하며 꾸준히 자선활동을 진행했습니다.

## 멜린다 게이츠의 영향

빌 게이츠가 사업가로서의 삶에서 폴 앨런과 스티브 발머라는 훌륭한 조력자를 만났다면, 자선활동가로서의 삶에서는 아내 멜린다 게이츠(Melinda Gates)와 워런 버핏(Warren Buffett)이라는 동역자와 함께할 수 있었습니다.

게이츠가 최악의 상황에서 이미지 쇄신용으로 기부재단을 설립하였지만, 진심을 다해 구호활동을 할 수 있었던 것은 아내 멜린다 게이츠의 힘이 컸습니다. 빌 게이츠가 직접 자신의 입으로 멜린다의 영향으로 자신이 구호활동을 하게 되었다고 이야기했으니까요. 빈민 구호 활동에 관심이 많았던 멜린다는 항상 남편의 돈을 의미 있게 사용하는 방법을 고민했고, 남편이 구호활동에 관심을 기울이도록 끊임없이 설득했다고 합니다.

이러한 멜린다의 생각과 행동들이 처음에는 단순히 빌 게이츠의 최악의 상황을 무마하기 위한 방편으로만 여겨졌던 재단 설립과 구호활동이 진심을 다한 활동이 될 수 있게끔 변화시킨 것이 아닐까 하는 생각을 하게 합니다. 멜린다가 재단에서 차지하는 역할은 굉장히 큽니다. 어느 단체에 기부해야 할지, 어떤 방법으로 지원해야 할지 등을 직접 결정할 정도입니다. 멜린다는 인간 빌 게이츠의 인생의 동반자인 동시에 자선사업가 빌 게이츠의 동역자이기도 한 것입니다.

## 워런 버핏과의 만남

워런 버핏 역시 마찬가지입니다. 게이츠가 어머니의 권유로 참석했던 한 기업인 모임에서 시작된 두 갑부의 25년의 나이를 넘어선 우정은 서로 누가 돈을 더 많이 버느냐가 아니라 서로 누가 돈을 더 많이 기부하느냐를 경쟁하는 듯한 훈훈한 모습

을 보여 줍니다. 워런 버핏은 근검절약하는 부자로 유명합니다. 또한 기부하는 부자로 유명하죠. 이러한 워런 버핏이 2006년 6월 374억 달러를 기부하겠다고 발표했습니다. 그중 310억 달러를 빌 앤 멜린다 게이츠 재단에 기부하였지요. 나머지 금액은 가족들이 운영하는 재단에 기부하였고요. 버핏이 이러한 큰 금액을 빌 앤 멜린다 게이츠 재단에 기부할 수 있었던 것은 재단의 활동에 대한 버핏의 믿음이 가장 크게 작용하지 않았을까요? 두 사람은 자본주의의 틀 안에서 돈을 번 자본가들이 어떻게 그 돈을 가치 있게 사용할 수 있는지를 잘 보여 주고 있습니다. 그리고 노블레스 오블리주(Nobless Oblige)를 행동으로 실천하여 이 사회에 긍정적인 영향을 끼치고 있습니다.

## 빌 게이츠의 창조적 자본주의

빌 게이츠는 '창조적 자본주의'를 강조하였습니다. 2007년 하버드 연설에서 그는 가난한 사람들에게 시장이 좀 더 적극적으로 역할을 하도록 만들어야 한다고 주장했습니다. 시장의 힘의 범위를 확장하여 지금보다 더 많은 사람들이 돈을 벌 수 있게 해야 한다고 주장했습니다. 그리고 2008년 다보스에서 열린 세계 경제 포럼(World Economic Forum)에서는 순수 자본주의와 창조적 자본주의를 비교하여 순수 자본주의는 사람들의 부와 재정적인 유인이 비례 관계를 유지하는데 그것이 돈을 지불할 수 있는 사람에게만 작동하는 문제가 있으므로, 그 시장의 힘이 빈곤층까지도 미칠 수 있는 창조적 자본주의 접근법이 필요하다고 주장하였습니다. 또한 기업이 극빈층을 돕는 데 필요한 장려정책 중 하나로 사회적인 인정을 내세웠습니다.

자본주의의 정점에 있던 세계 최고의 사업가가 이러한 주장을 한다는 것이 역설적이기도 하지만, 어쩌면 최고가 무엇인지를 너무나 잘 알고 있는 사람이기에, 그리고 말뿐이 아니라 직접 실천하는 모습을 보여 주는 사람이기에 이러한 주장에 진정성이 실리는 것 같습니다.

물론 빌 게이츠의 창조적 자본주의가 모든 것을 해결해 주지는 않습니다. 빌 앤 멜린다 게이츠 재단이 1년에 100억 달러 이상을 쏟아붓고 있지만 여전히 지구 반대편에서는 치료만 받으면 살 수 있는 병으로 죽어 가는 아이들과 굶어 죽는 아이들이 넘쳐 납니다. 변하는 것이 없어 보입니다. 하지만 자본주의에서 돈을 번 사람들에게는 그 돈을 자본주의의 혜택을 보지 못하는 사람들에게 기부해야 하는 의무가 있음을 주장하는 빌 게이츠의 의견과 실천하는 그의 행동은 많은 이들에게 더 나은 세계를 위한 사회적인 의무와 책임에 대해 깊이 생각하게 합니다.

## 2. 빌 게이츠는 한 번 더 세상을 변혁시킬 수 있을 것인가

돈을 많이 버는 삶에서 돈을 바르게 쓰는 삶으로 변화된 그의 인생은 우리에게 기업인의 사회적 의무에 대해, 그리고 베푸는 삶에 대해 많은 것을 생각하게 합니다. 게이츠는 아이들이 너무 많은 돈을 가지고 인생을 시작하는 것은 바람직하지 않다며 세 자녀에게 1천만 달러만 물려주고 나머지는 모두 기부할 것이라고 밝혔습니다. 그리고 재산을 모은 이들은 세계의 불평등을 해소하기 위해 돈을 사회에 환원할 수 있기를 바란다는 이야기도 하였습니다. 물론 1천만 달러(한화로 약 113억)도 어마어마하게 큰돈입니다만, 빌 게이츠 같은 재력가에게는 그리 큰돈이라고 할 수 없을 겁니다. 2012년 현재 빌 게이츠의 재산이 약 600억 달러 정도로 추정되니 6000분의 1 수준인 것이지요. 어떻게든 자녀들에게 더 많은 재산을 물려주기 위한 방법을 찾으려 애쓰는 모습들에 익숙한 우리들에게는 참 놀랍고 신선한 모습입니다.

빌 게이츠는 2012년 연례서한에서 빌 앤 멜린다 게이츠 재단의 올해 목표를 '농업혁명'이라고 밝혔습니다. 그동안에는 항상 보건과 질병 치료를 우선으로 내세워 활동했는데 이번에는 먹고 사는 문제를 해결하기 위한 방안으로 농업 생산성을 높이고 가격을 낮추는 농업혁명을 이야기한 것입니다. 이는 상대적으로 적은 투자를 통해 빈농들에게 끼니를 해결하고 가족을 부양할 수 있는 기회를 줄 수 있으며, 해결되지 않으면 직접적으로 생계에 위협을 받는 중대한 문제이지요. 그래서 게이츠는 농업혁명을 이야기하면서 많은 이들의 참여를 촉구하였습니다.

빌 게이츠가 앞으로 어떠한 방향을 가지고 어떠한 활동을 할지, 그리고 그것이 세상을 어떻게 변화시킬 수 있을지는 아무도 모릅니다. 앞으로도 그에게 남겨진 시간과 자원들이 있으니까요. 하지만 그가 인생의 2막에서 이루어 낼 변화들이 인생의 1막에서 이루어 낸 변화보다 작지는 않을 것 같은 생각이 드는 것은 왜일까요? 한 사람이 세상을 변화시키기는 참 힘듭니다. 하지만 마이크로소프트라는 회사로 세계 소프트웨어 시장을 변화시킨 빌 게이츠라면 조금은 다를지도 모른다는 기대가 들기도 합니다. 이제는 '세계에서 가장 부자인 사람'보다 '세계에서 가장 자선활동을 많이 하는 사람'이라는 수식어가 더 잘 어울리는 삶을 살고 있는 빌 게이츠가 앞으로 어떻게 세상을 변화시키기 위해 노력하는지 지켜보는 것도 좋겠죠.

그와 동시에 우리 역시 많이 가지지 못했더라도, 어쨌든 내가 가지고 있는 것을 나보다 가지지 못한 사람에게 나누어 줄 수 있는 마음을 가져야겠습니다. 그것이 바로 빌 게이츠의 인생의 1, 2막을 짚어 보면서 우리가 가장 배워야 하는 모습이라고 생각되니까요.

*이 책에 사용된 사진들의 출처는 다음과 같습니다.

http://www.flickr.com

jurvetson

cduruk

YisongYue

World Economic Forum

saacMao

Nathan Laurell

Vibrant Spirit

chinnian

Domain Barnyard

OnInnovation

Mental Halitosis

Joel Braun

Diego3336

Jack Zalium

Masaru Kamikura